신나고~! 재밌고~!

GoGo 고고 시나모롤
cinnamoroll
재즈 소곡집

EASY

체르니 100~

🎵 그래서음악

차례

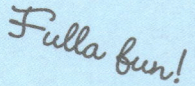

Fulla fun!

Cinnamoroll

Roly-poly, cute & bouncy,
floppy, flouncy & fulla fun!

Fulla fun!

시나모롤 Cinnamoroll

시나모롤은 먼 하늘 구름 위에서 태어난 강아지예요. 어느 날 하늘에서 하늘하늘 날아오던 시나모롤을 '카페 시나몬'의 주인 누나가 발견해 함께 살게 되었어요. 꼬리가 마치 시나모롤처럼 돌돌 말려있어서 '시나몬'이라고 이름이 붙여졌어요. 지금은 카페를 대표하는 간판 강아지로 활약 중이지요! 특기는 큰 귀를 파닥파닥해서 하늘을 나는 일! 얌전하지만 붙임성이 좋아 손님들의 무릎 위에서 자버리기도 한답니다.

시나모롤의 친구들 Friends of Cinnamoroll

카푸치노

시나모롤의 가장 친한 친구예요. 느긋한 성격에 먹는 것을 좋아하지요. 취미는 시나모롤과 낮잠 자기랍니다.

모카

수다를 좋아하는 멋쟁이 모카는 매우 친절하고 주위를 잘 돌보는 성격으로 모두의 언니(누나) 같은 존재예요.

쉬폰

언제나 활기찬 분위기 메이커. 특기는 항상 재미있는 놀이를 생각해 내는 것이에요. 주인 언니와 공원에서 달리는 것이 취미예요.

에스프레소

아주 똑똑하고 영리한 강아지로 강아지 콘테스트에서 우승도 했어요! 소중히 여기는 강아지 담요 없이는 잠을 못 드는 귀여운 면도 있답니다.

밀크

시나몬프렌즈의 막내인 응석꾸러기. 제일 좋아하는 쪽쪽이가 없으면 금방 울어요. 시나모롤을 좋아해서, 언젠가는 시나모롤처럼 하늘을 날고 싶어해요.

작은새들

공원의 사과나무 안에 살고 있는 작은 새들은 종종 카페로 놀러와요. 시나모롤과 함께 '스카이워크'를 걷는 것을 좋아해요.

코코

카푸치노의 쌍둥이 동생. 쌍둥이 형인 코코는 까불대는 성격의 활발한 아이예요. 코코에게는 모든 것이 재미있어요.

넛츠

카푸치노의 쌍둥이 동생. 동생인 넛츠는 먹는 것을 좋아해요! 그리고 카푸치노와 함께 잠드는 것을 좋아하는 잠꾸러기랍니다.

포롱

코르네를 타고 온 수수께끼의 여자 아이예요. 구름같이 푹신푹신 귀와 하늘색 리본이 매력 포인트예요.

코르네

초코 코르네처럼 돌돌 말린 뿔이 매력 포인트인 코르네는 과거와 미래, 그림책 세계로 시공을 넘나드는 시공의 여행자예요.

사자왕의 행진

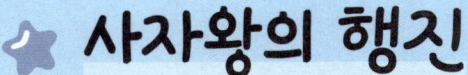
It's great spending calm,
quiet time in my room before going to bed.

보통 빠르기로

작곡 생상스

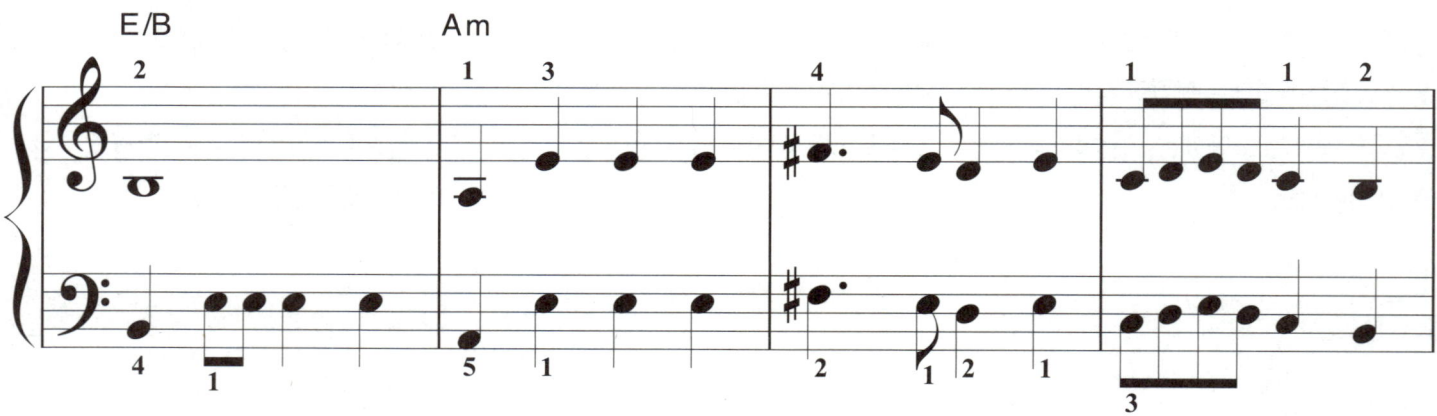

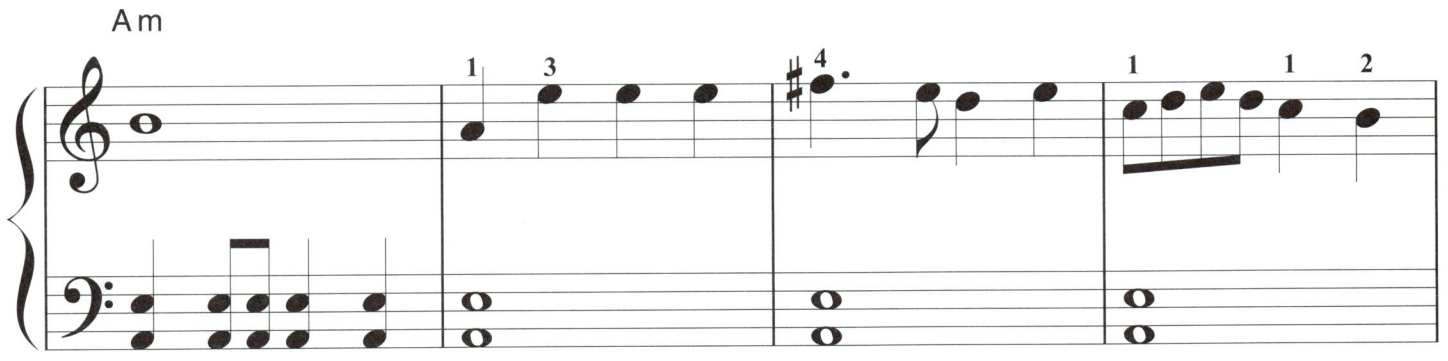

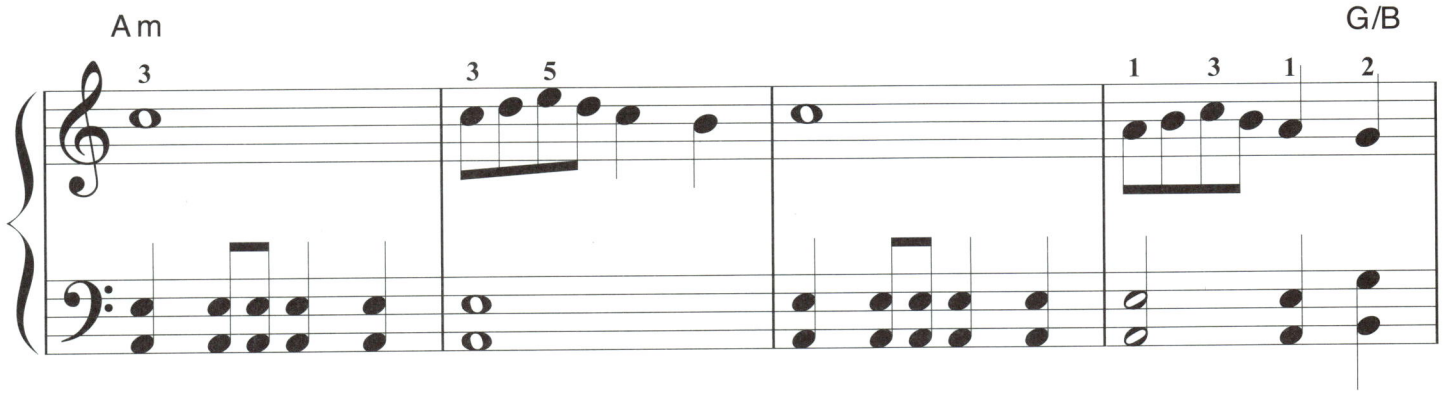

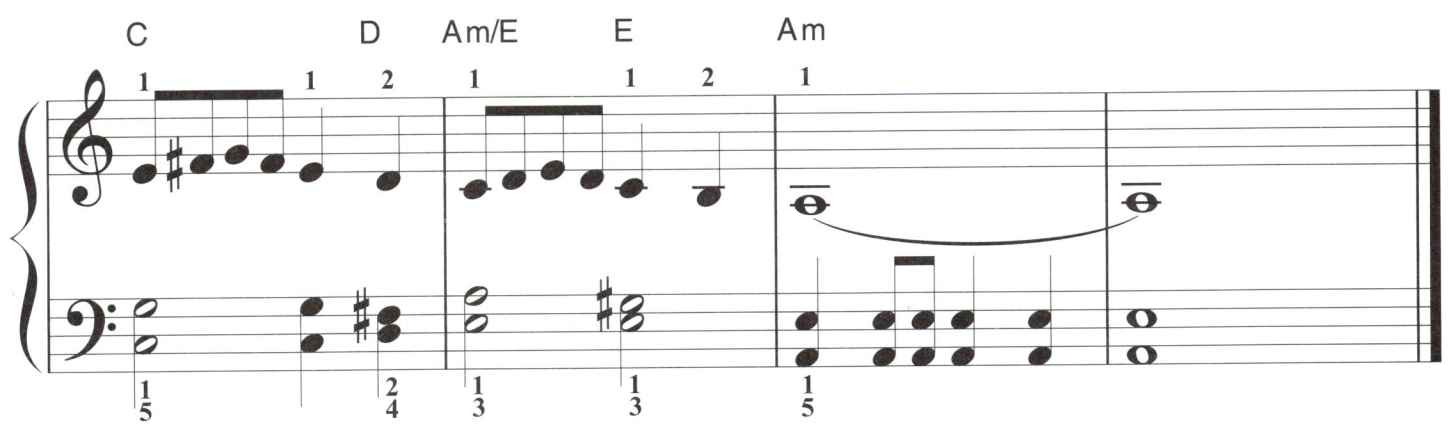

Summer

작곡 히사이시 조

보통 빠르기로

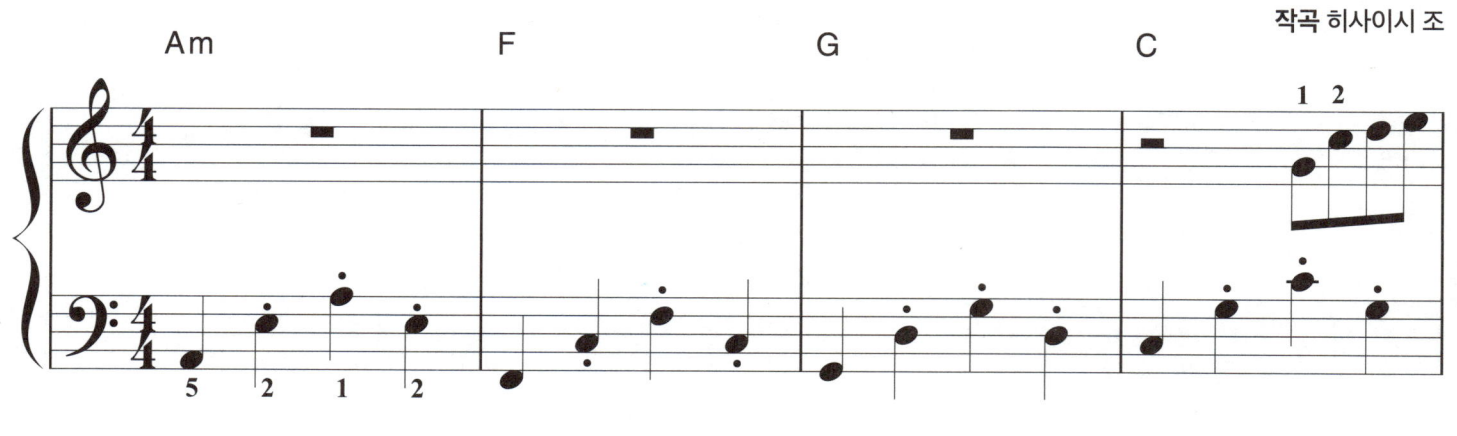

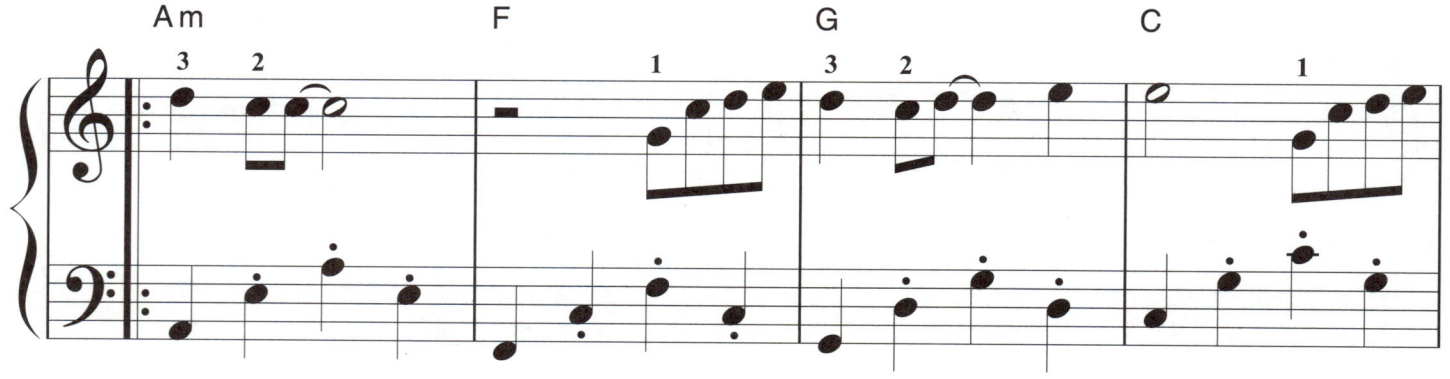

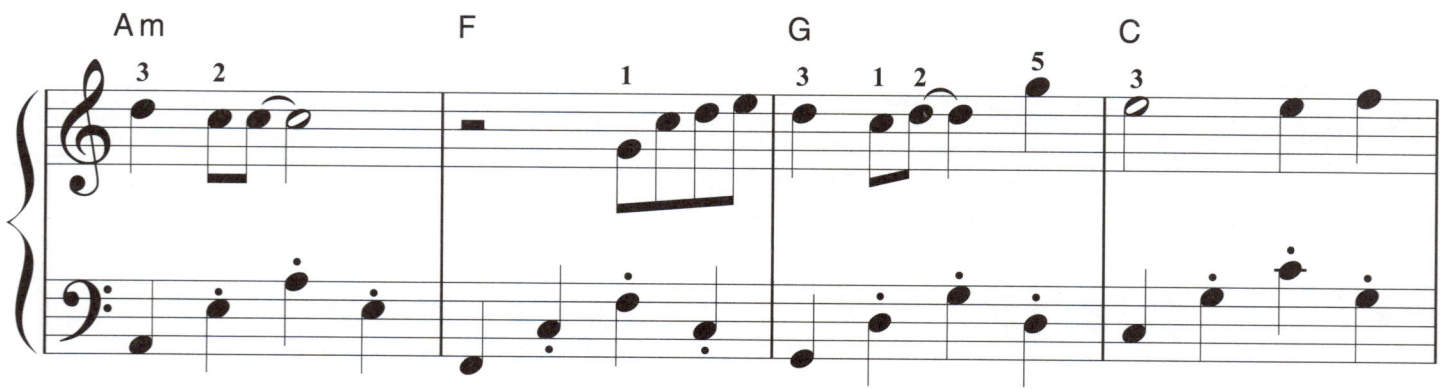

8

Cinnamoroll

Roly-poly, cute & bouncy, floppy, flouncy & fulla fun!

터키 행진곡

빠르게

작곡 베토벤

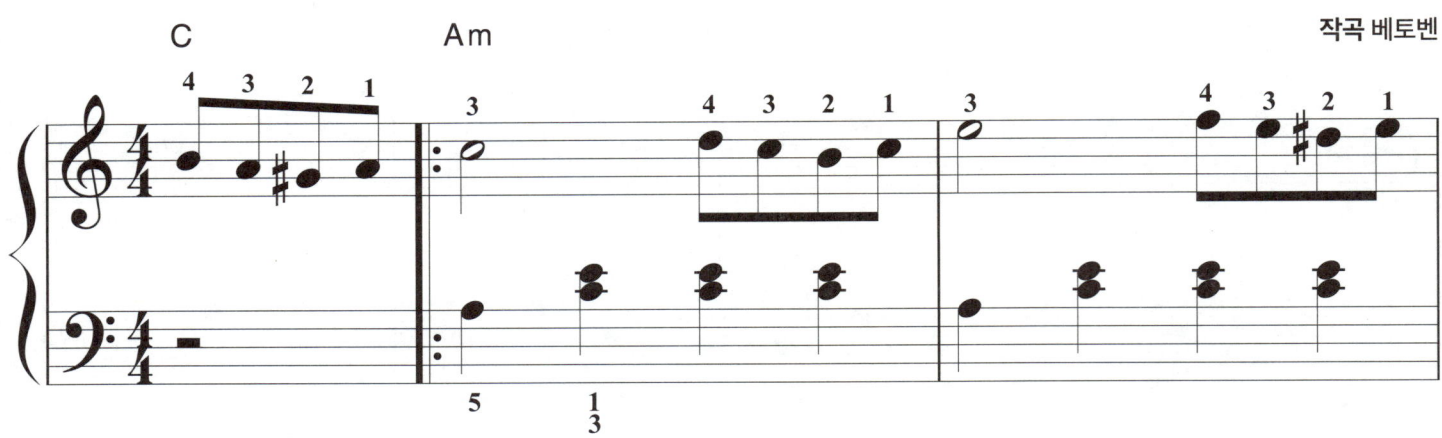

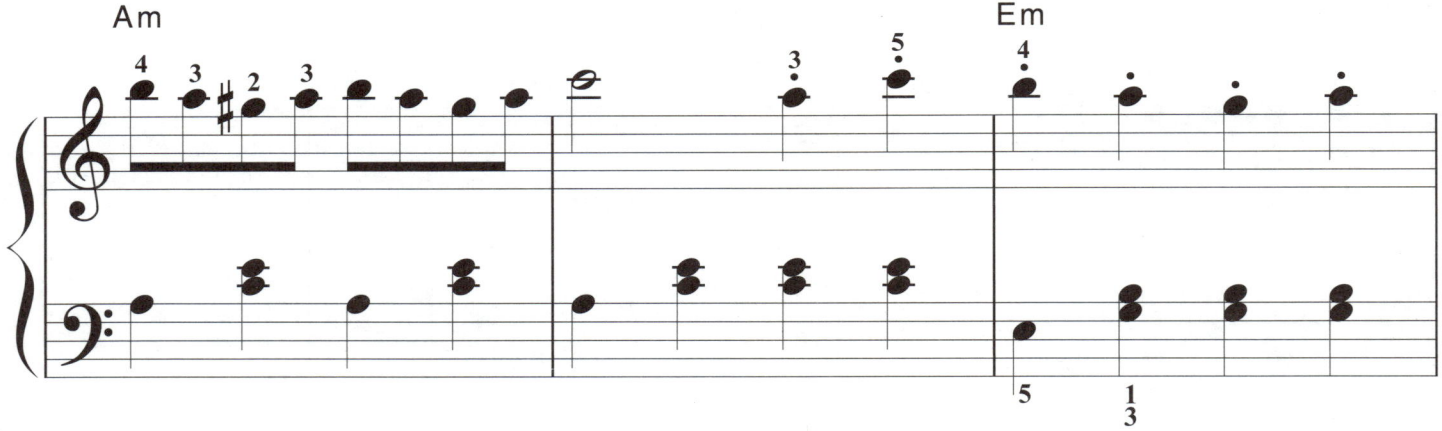

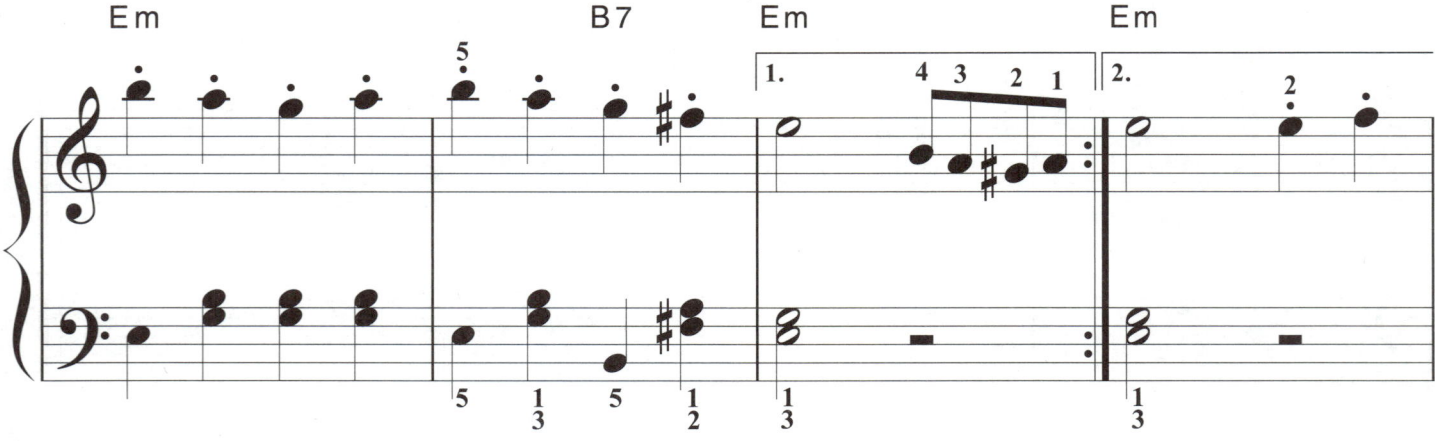

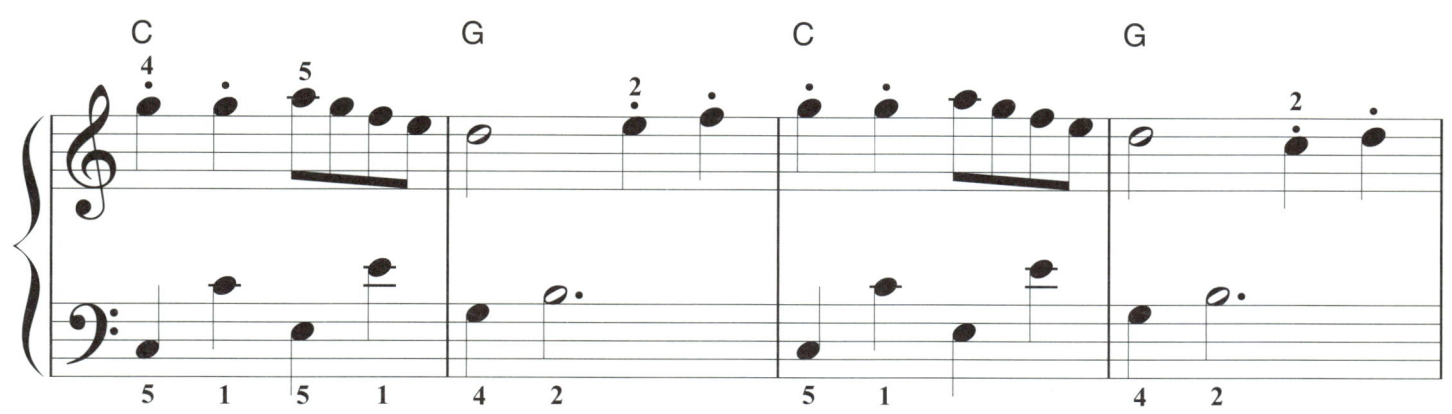

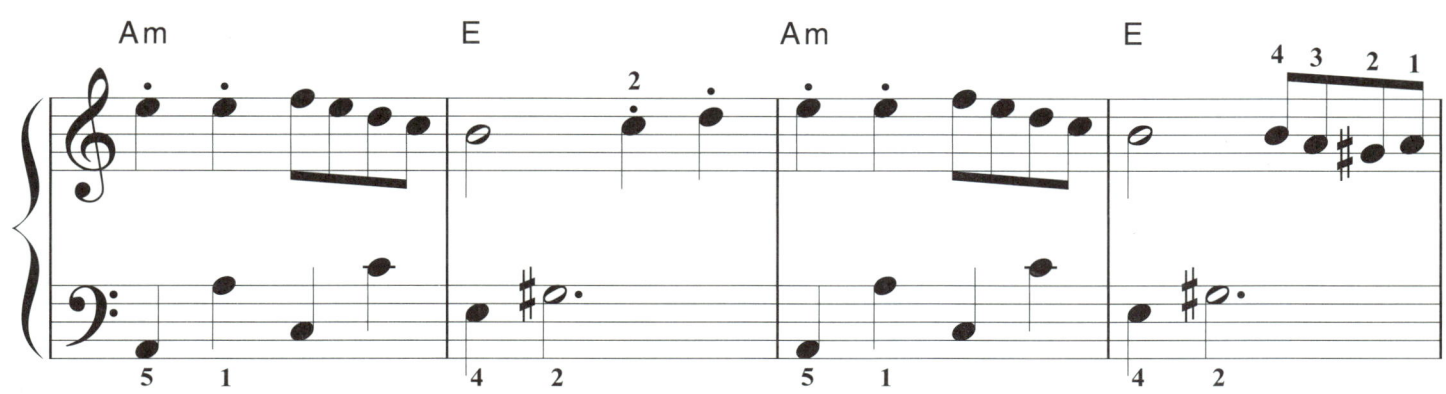

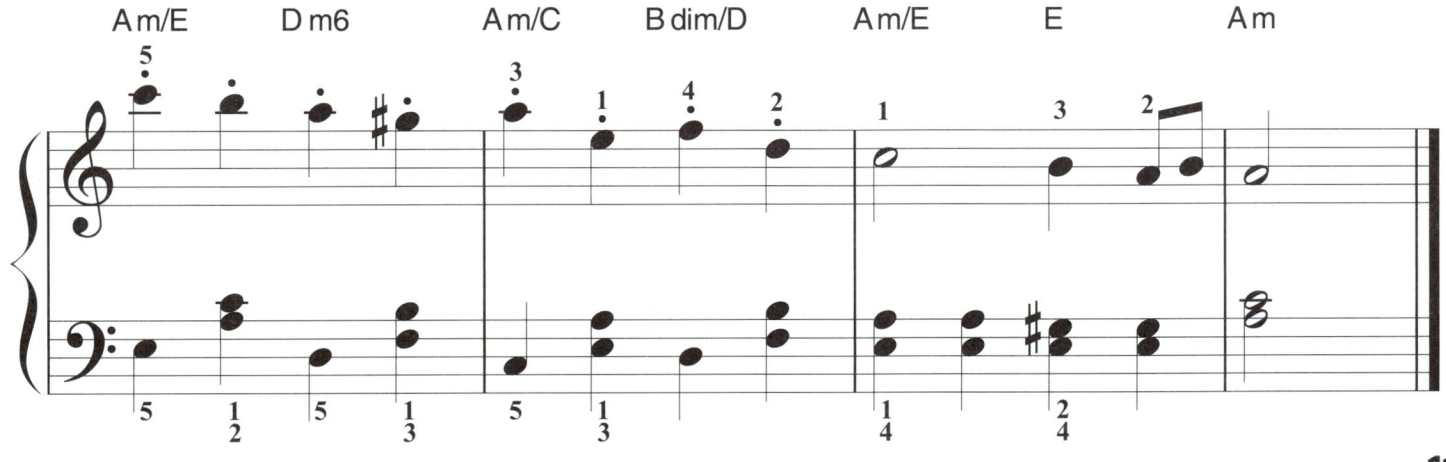

⭐ 또 다시

조금 느리게

작곡 히사이시 조

13

Fly Me To The Moon

보통 빠르기로

작곡 바트 하워드

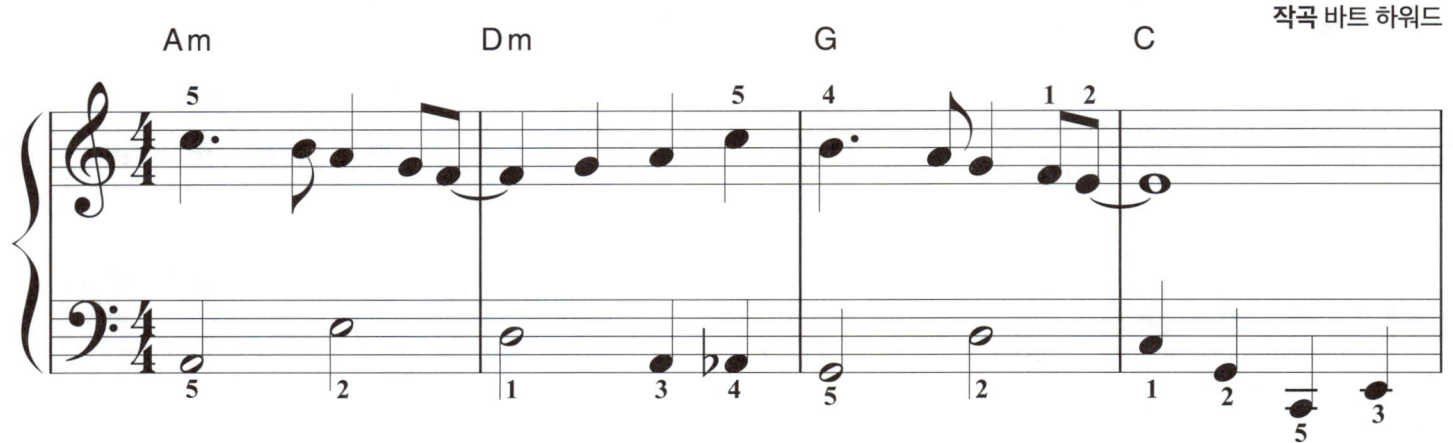

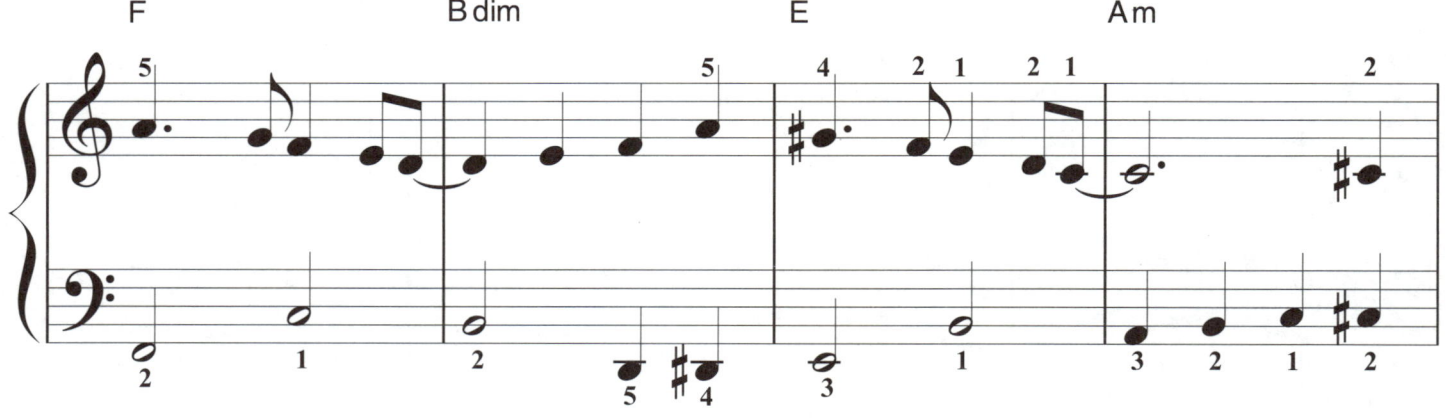

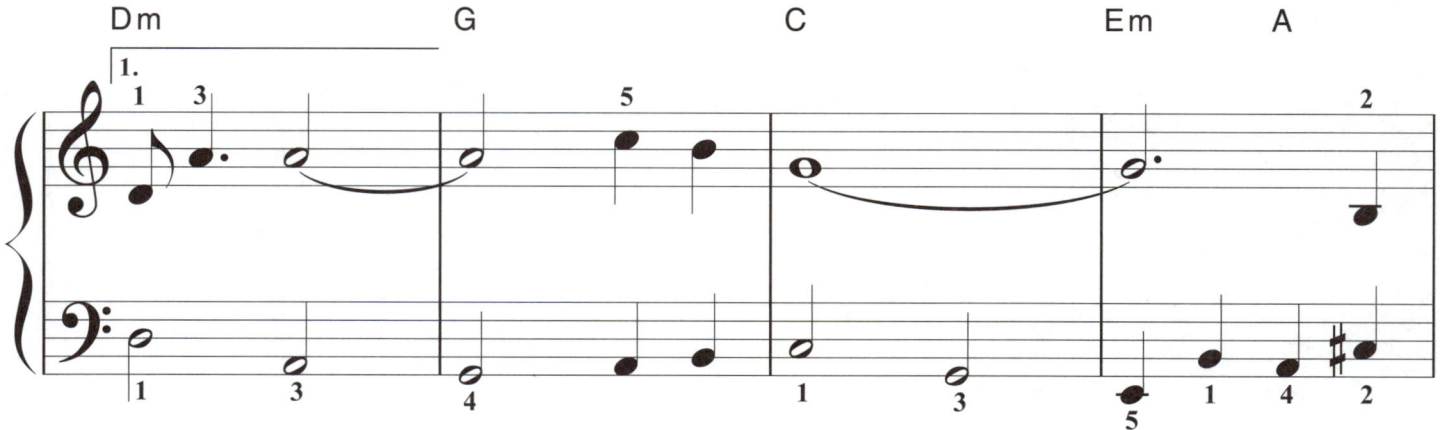

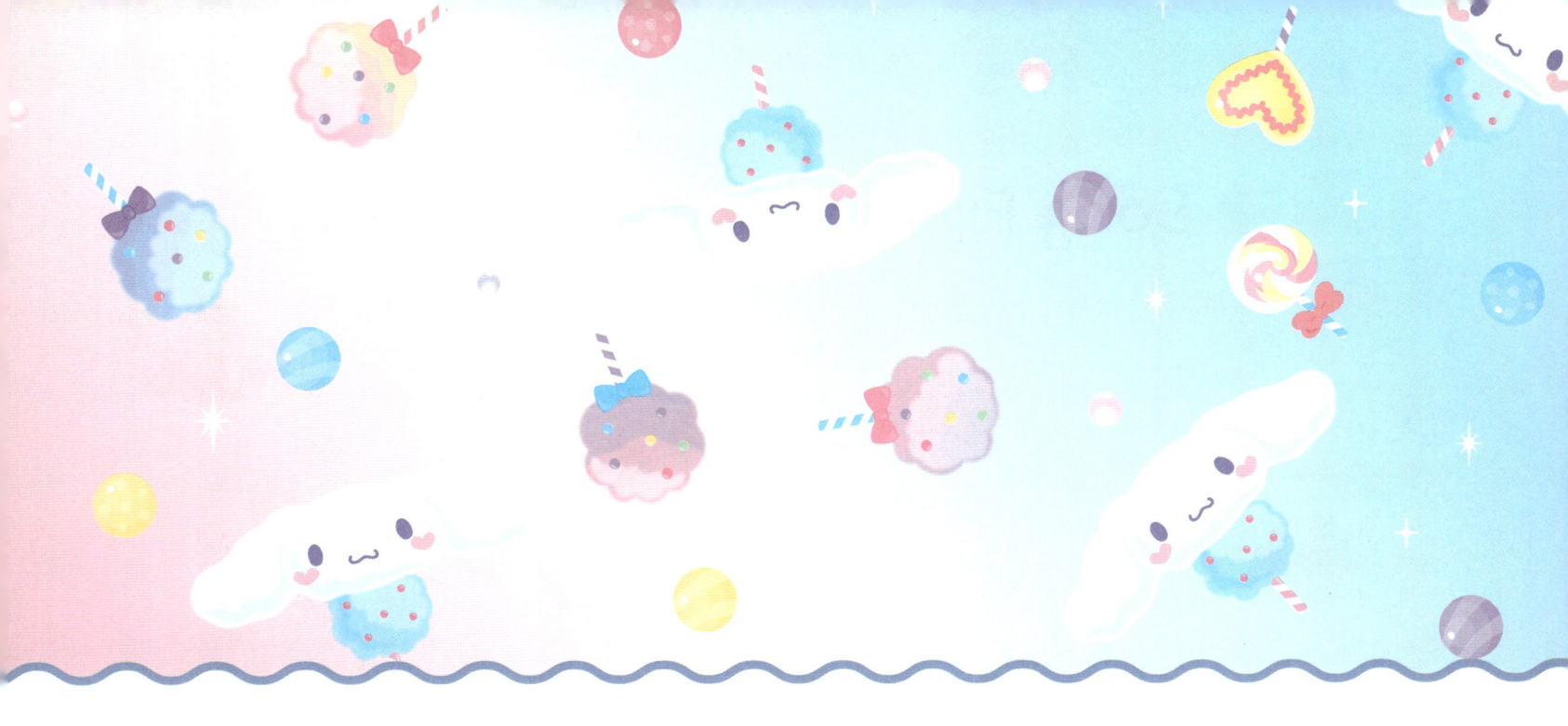

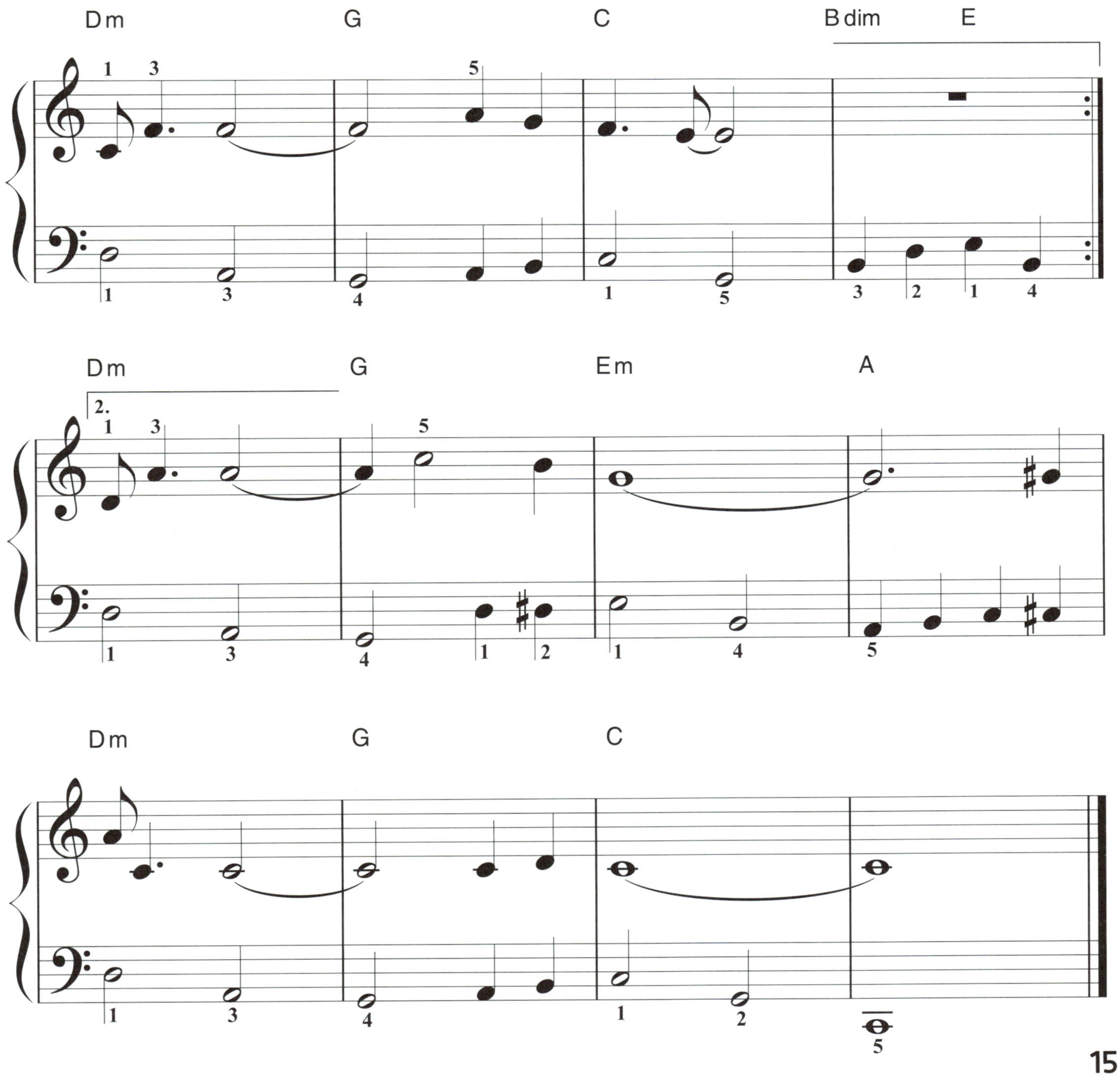
Dm
G
C
B dim
E
Dm
G
Em
A
2.
Dm
G
C

Song From A Secret Garden

조금 느리게

작곡 롤프 뢰블란

Love Affair

느리게

작곡 엔니오 모리코네

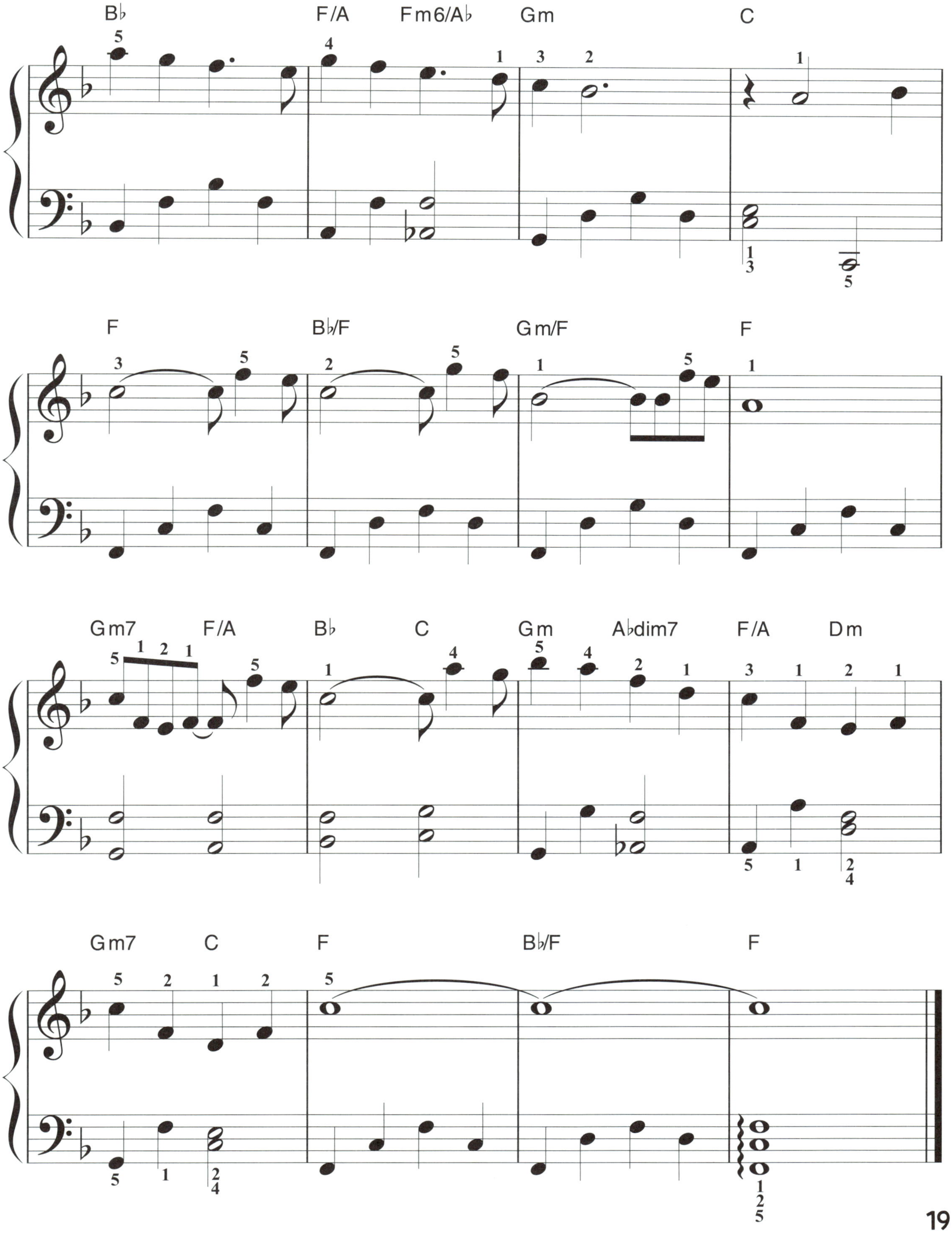

할아버지의 11개월

CINNAMOROLL

빠르게

작곡 콘도 켄지

CINNAMOROLL

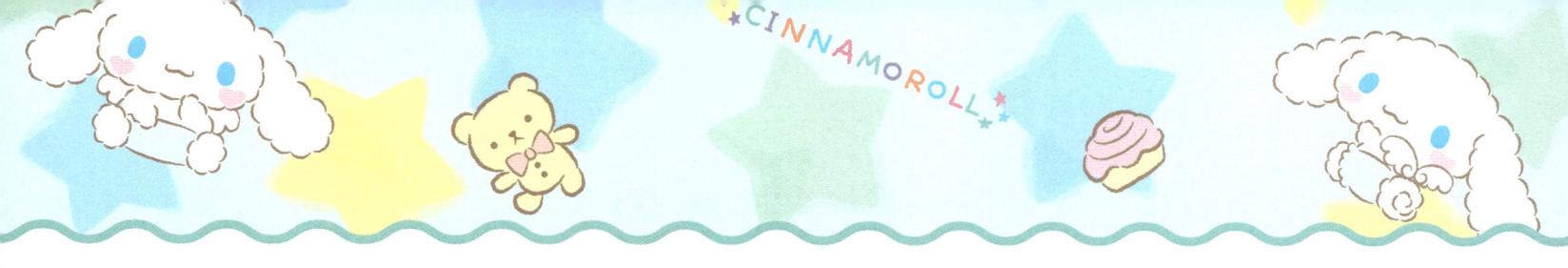

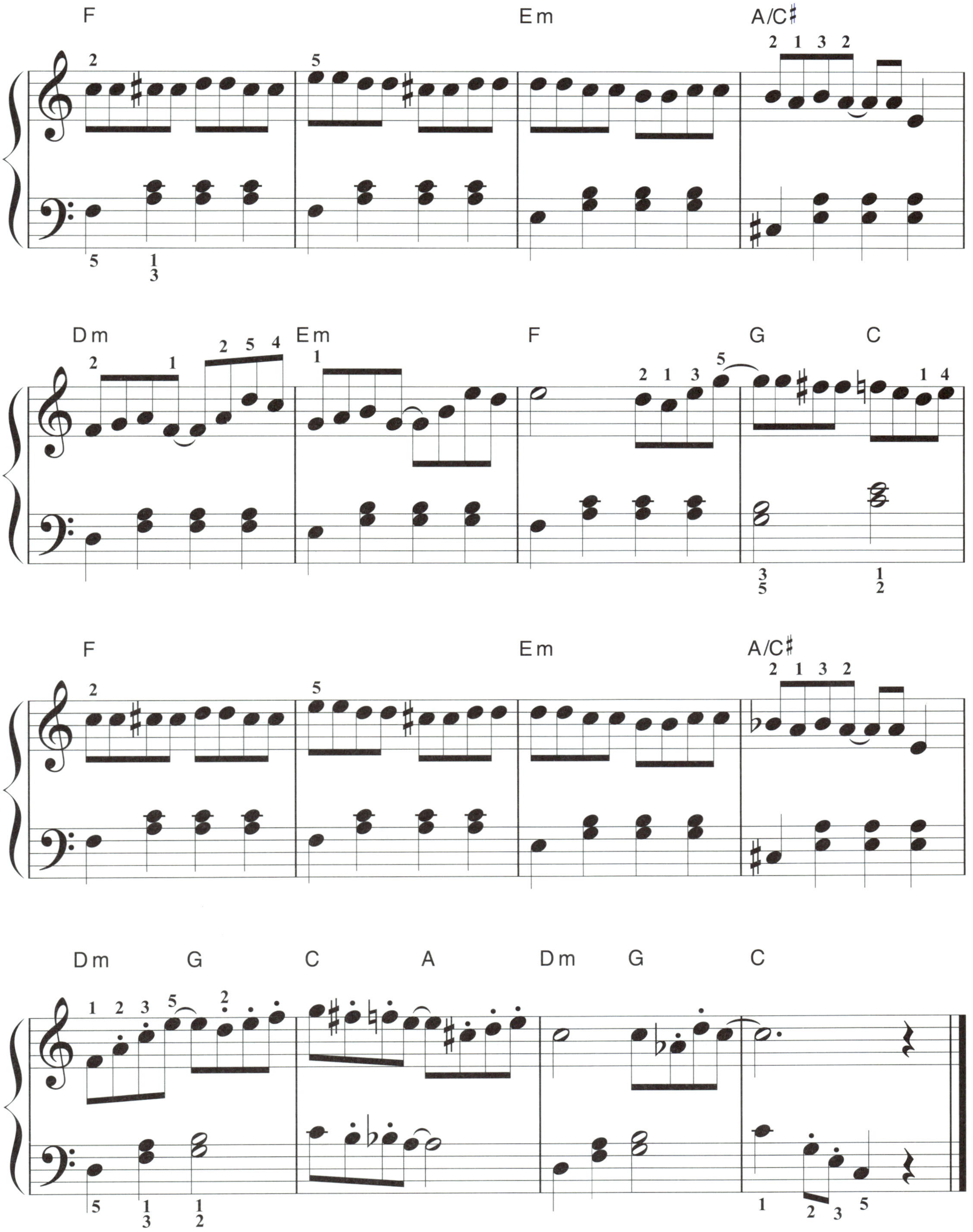
F
Em
A/C♯
Dm
Em
F
G
C
F
Em
A/C♯
Dm
G
C
A
Dm
G
C

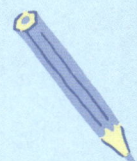

학교 가는 길

조금 빠르게

작곡 김광민

Life is better with you in it!
BOOK
Fulla fun!
CINNAMOROLL

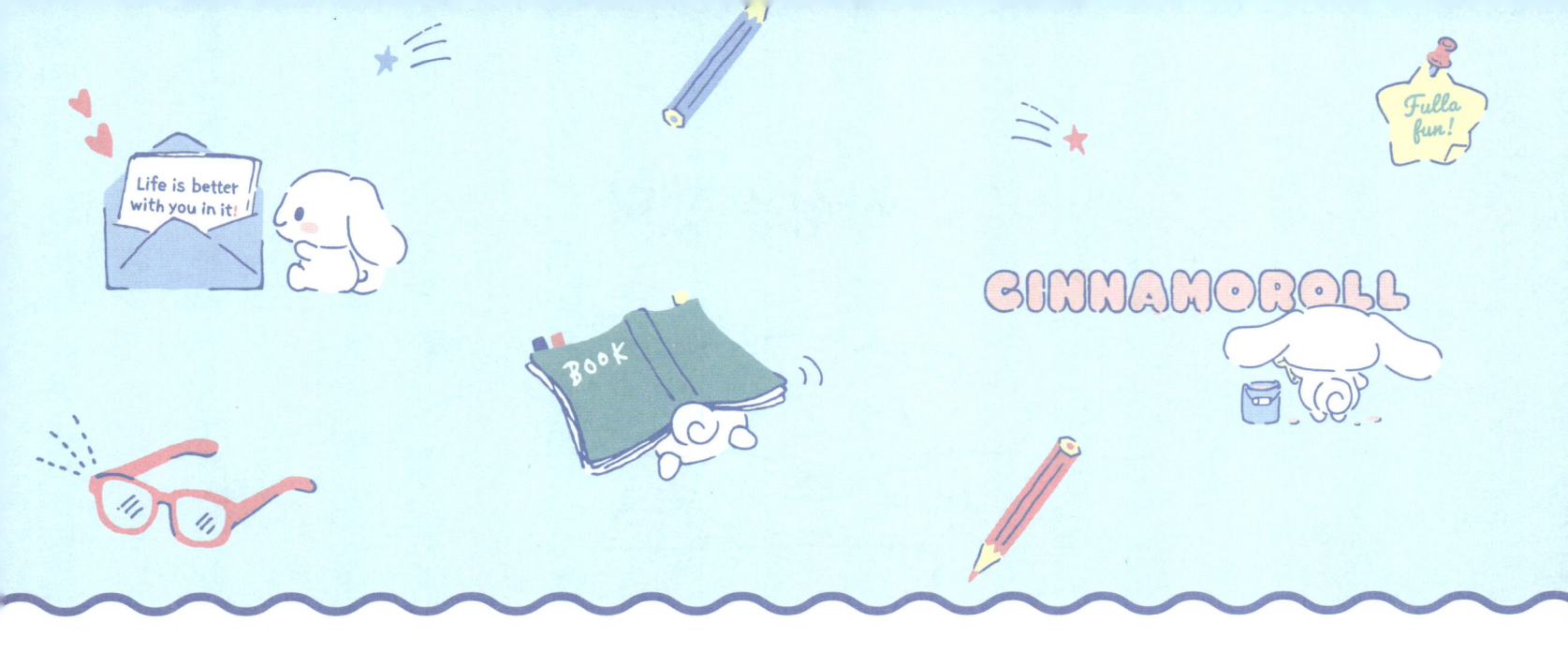

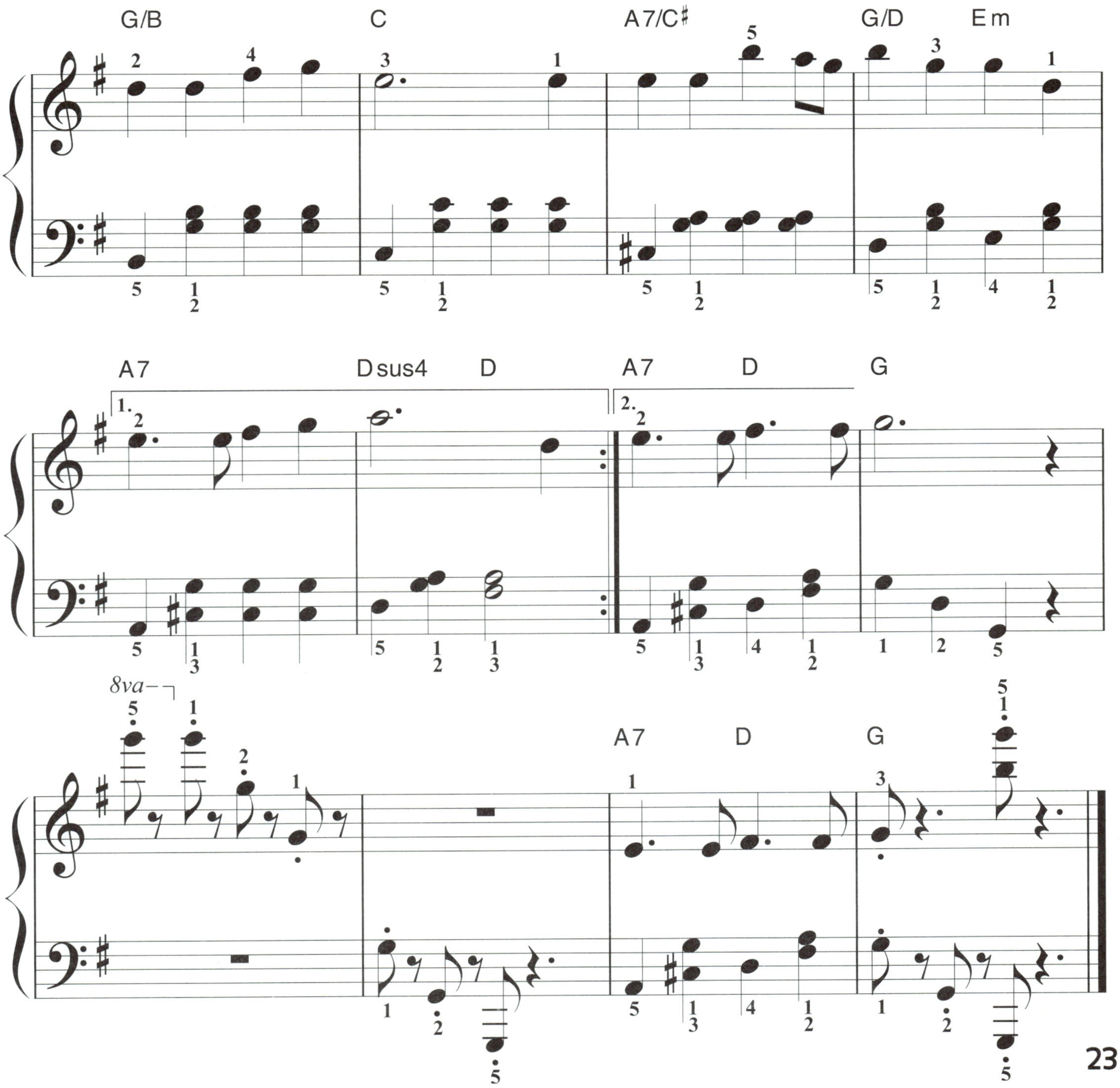
G/B
C
A7/C♯
G/D
Em
A7
Dsus4
D
A7
D
G
8va
A7
D
G

사랑을 했다

조금 빠르게

작사·작곡 비아이 외 2명

C   D

사 랑 을   했 다   우 리 가   만 나   지 우 지

Bm7   Em   C

못 할 추 억 이 됐 다 — 볼 만 한 멜 로 드 라 마   괜 찮 은

D   Bm7   Em

결 말   그 거 면 됐 다 널 사 랑 했 다 — 우 리 가 만 든

C

Love — — — Sce — na — ri — o

D

이젠조 명 — — — 이 꺼

Bm7

Em

지 고 마지막

C

페 이 지 — 를 넘

D

기 면 조 용 히

Bm7

막 — — — 을 내

Em

리죠 나

C

살 아 가 — 면 서

D

— 가끔씩 떠

Em

오 를 — 기 억 — — —

G/D

그 안 에

이어 그리기

⭐ 시나모롤과 함께하는 달콤~하고 맛있는 간식 타임! 아래 보기의 딸기 케이크와 치즈 케이크를 이어 그려 어떤 모양이 나오는지 정답 칸에 적어보세요.

보기

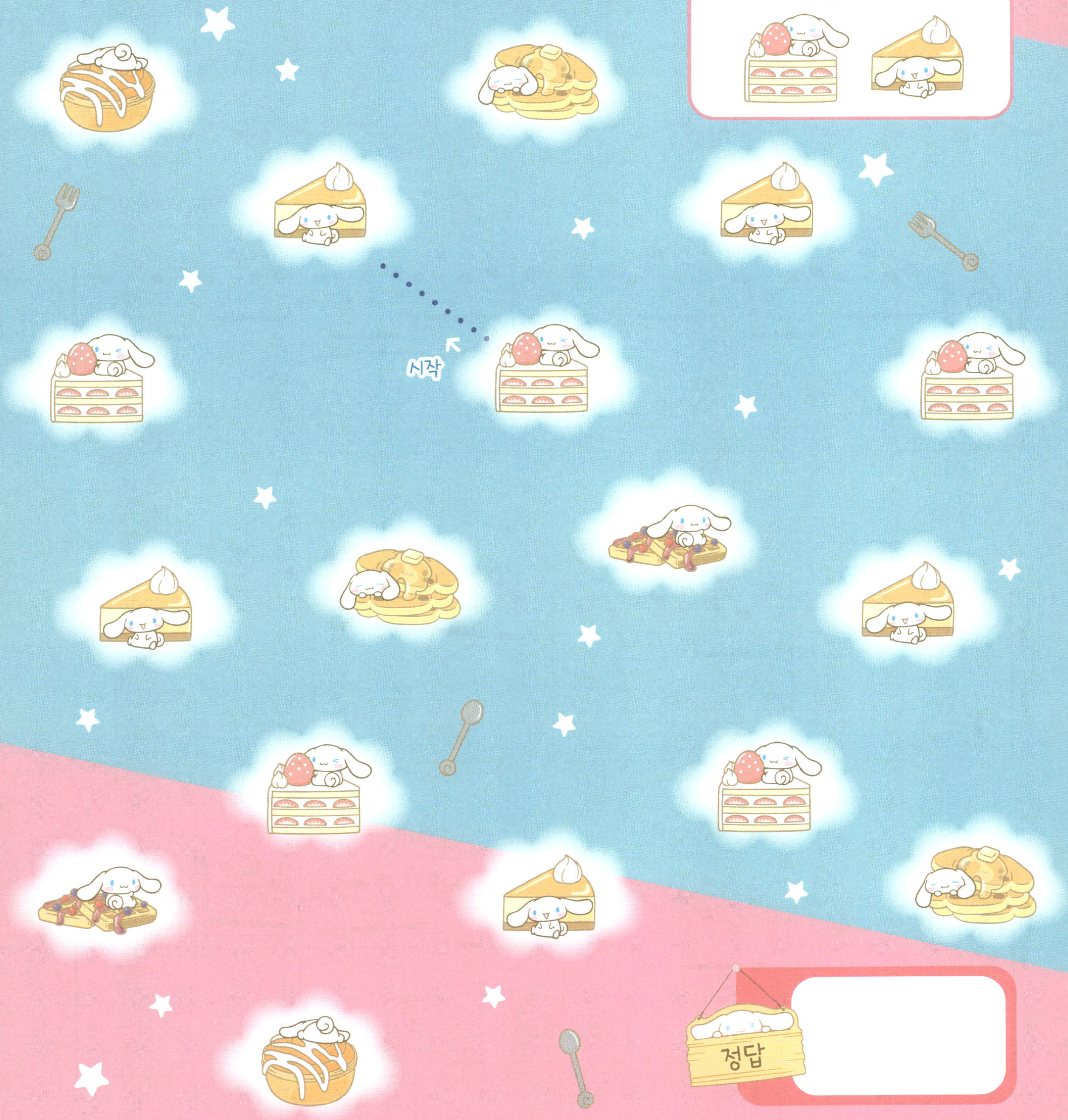

시작

정답

Flower Dance

Cinnamoroll
A warm heart, wagging tail,
and smile just for you!

보통 빠르기로

작곡 디제이 오카와리

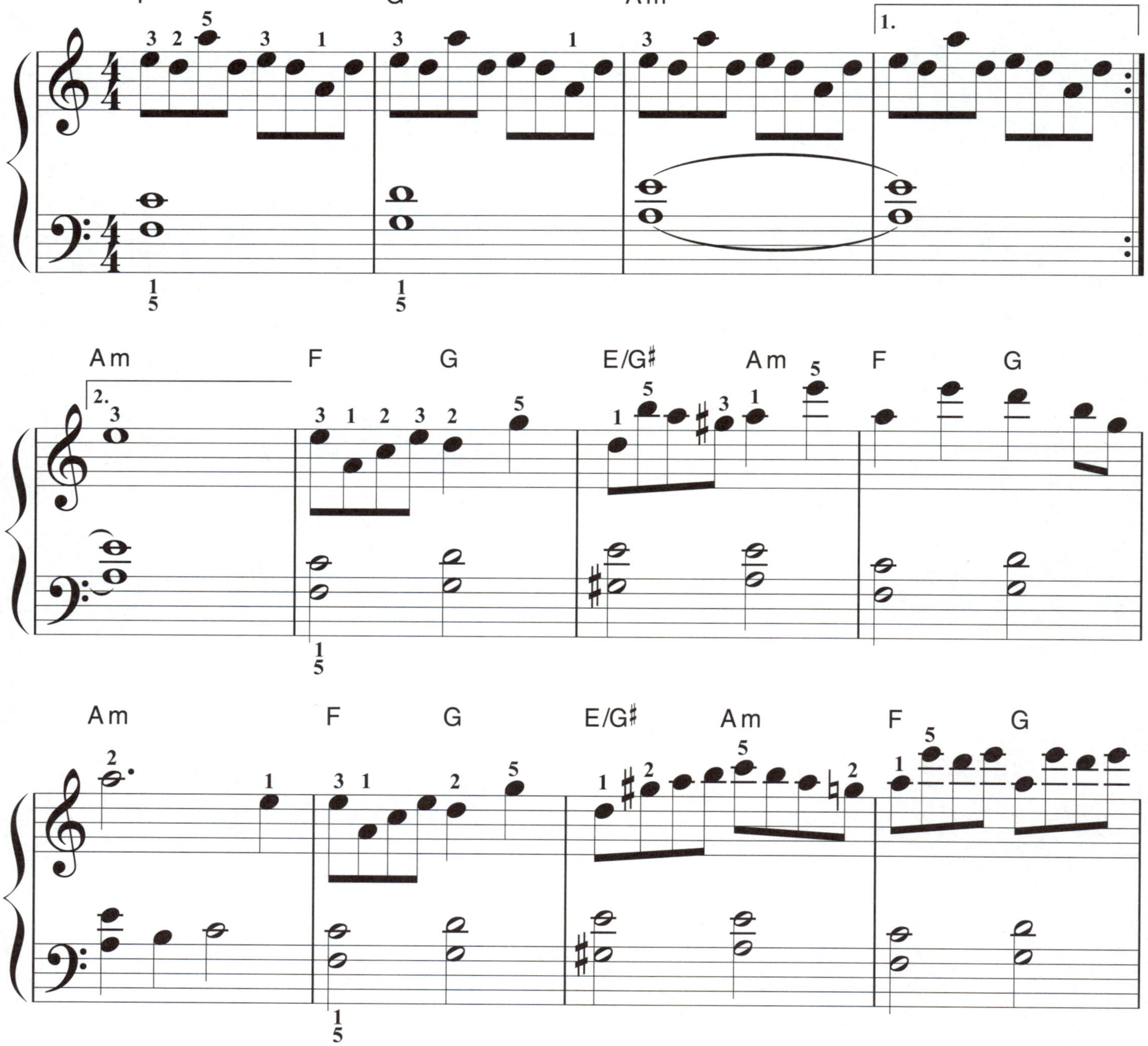

A
Am
Em/G
F
C/E
Dm
Am/C
Bdim
E
Am
Em/G
F
C/E
Dm
Am/C
Bdim
E
Am
F
G
Am
1.
Am
2.

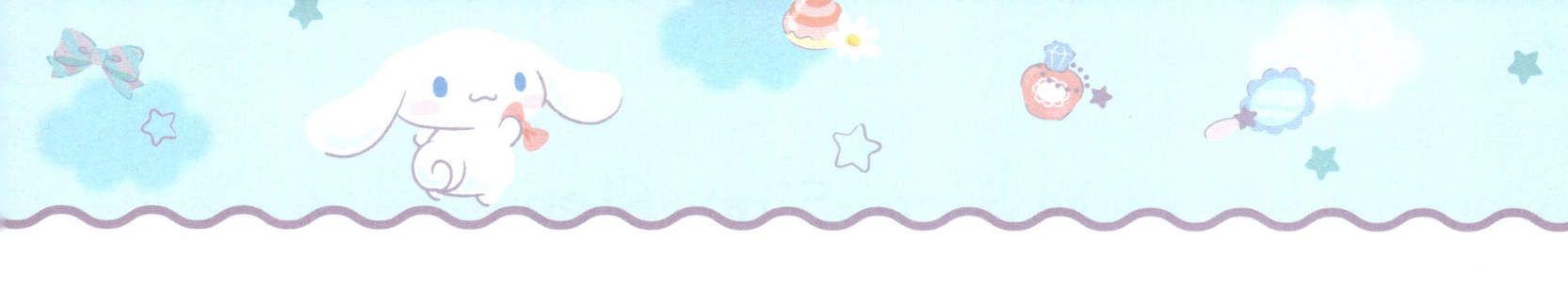

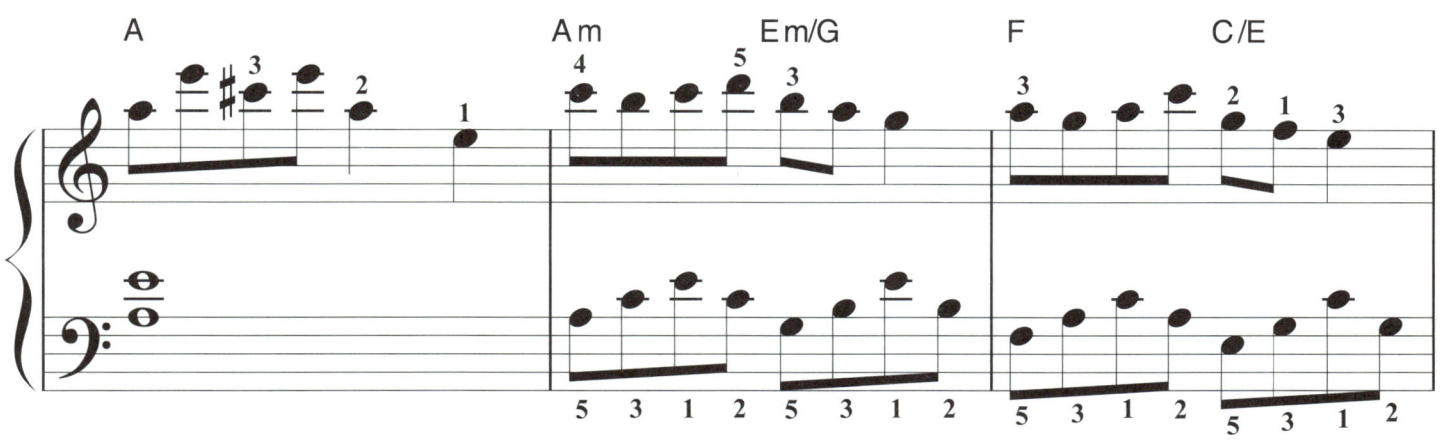

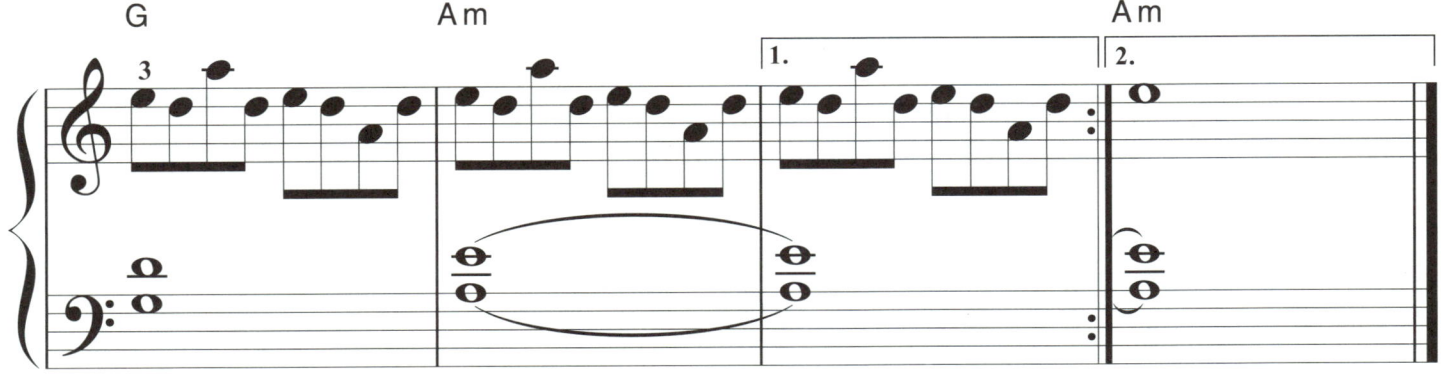

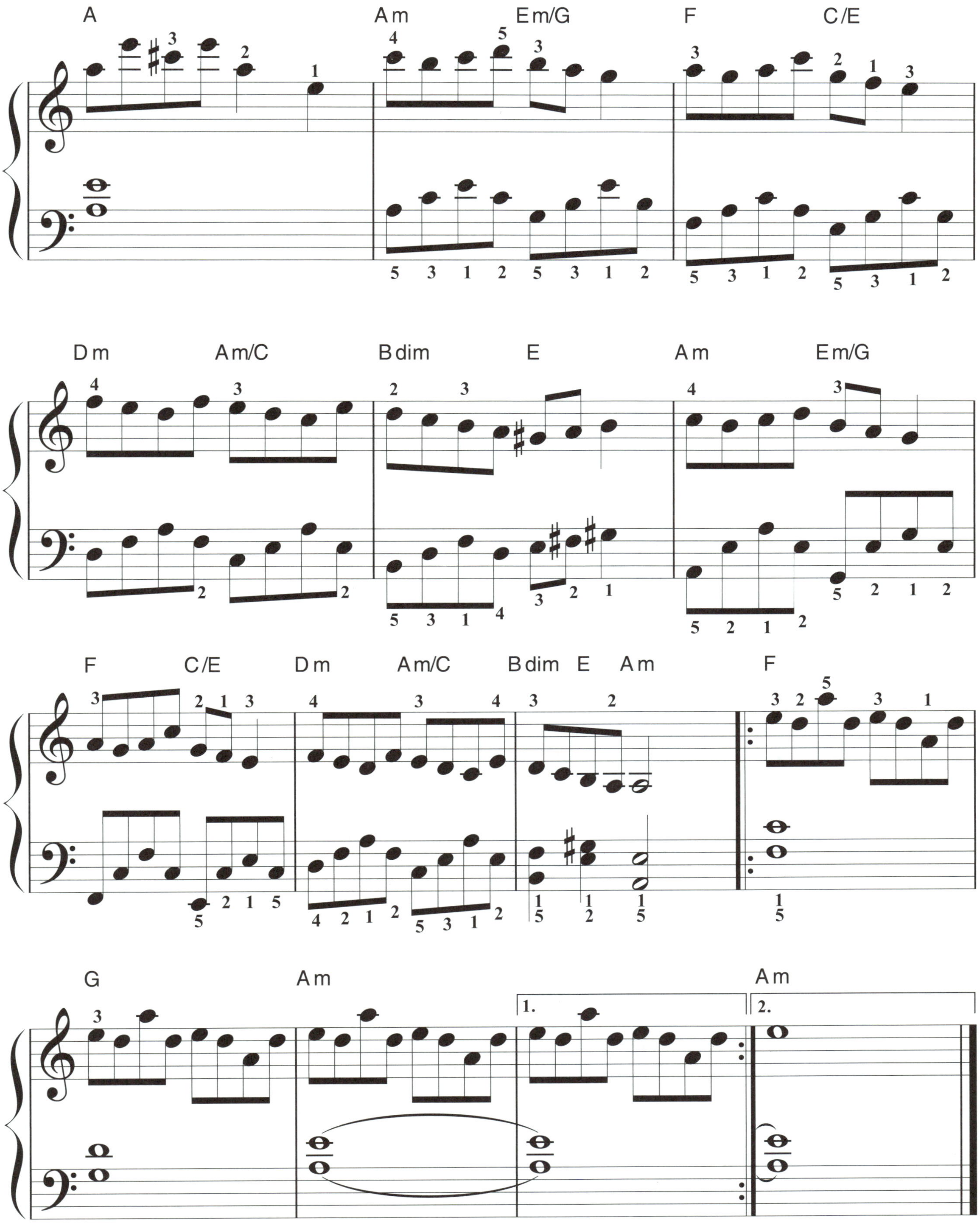

Sing, Sing, Sing

작곡 루이스 프리마

베토벤 바이러스

작곡 베토벤

City Of Stars

조금 느리게 **Swing** (♫ = ♪ ♪)

작곡 저스틴 허위츠

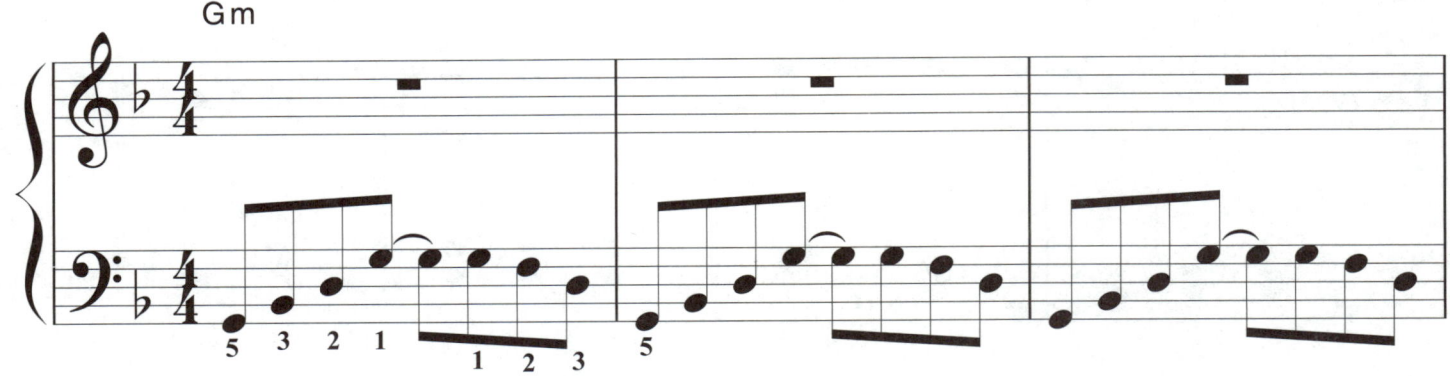

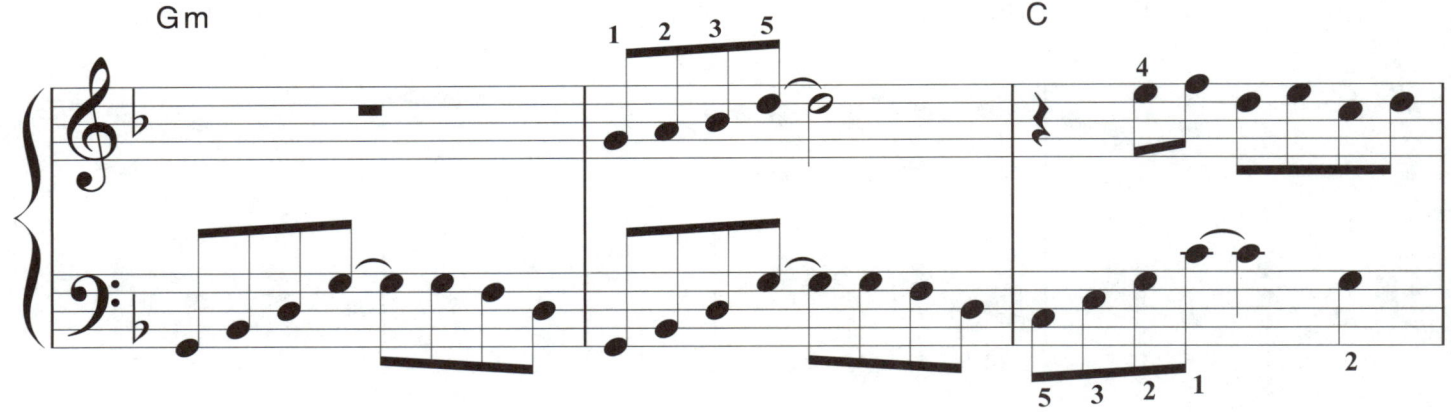

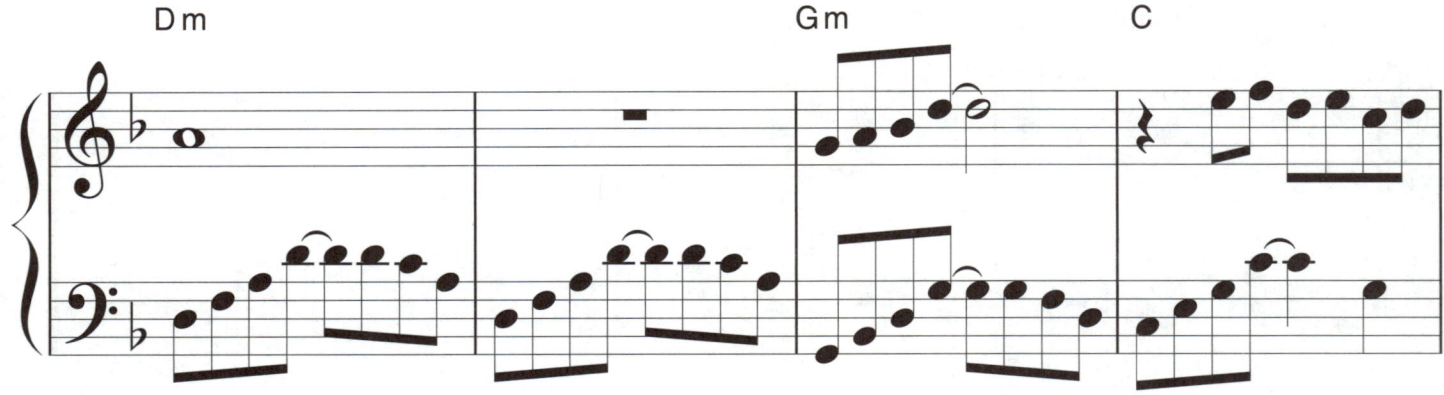

34

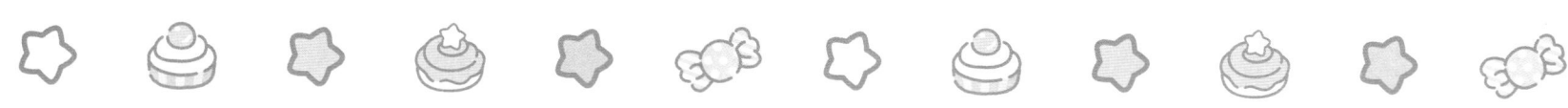

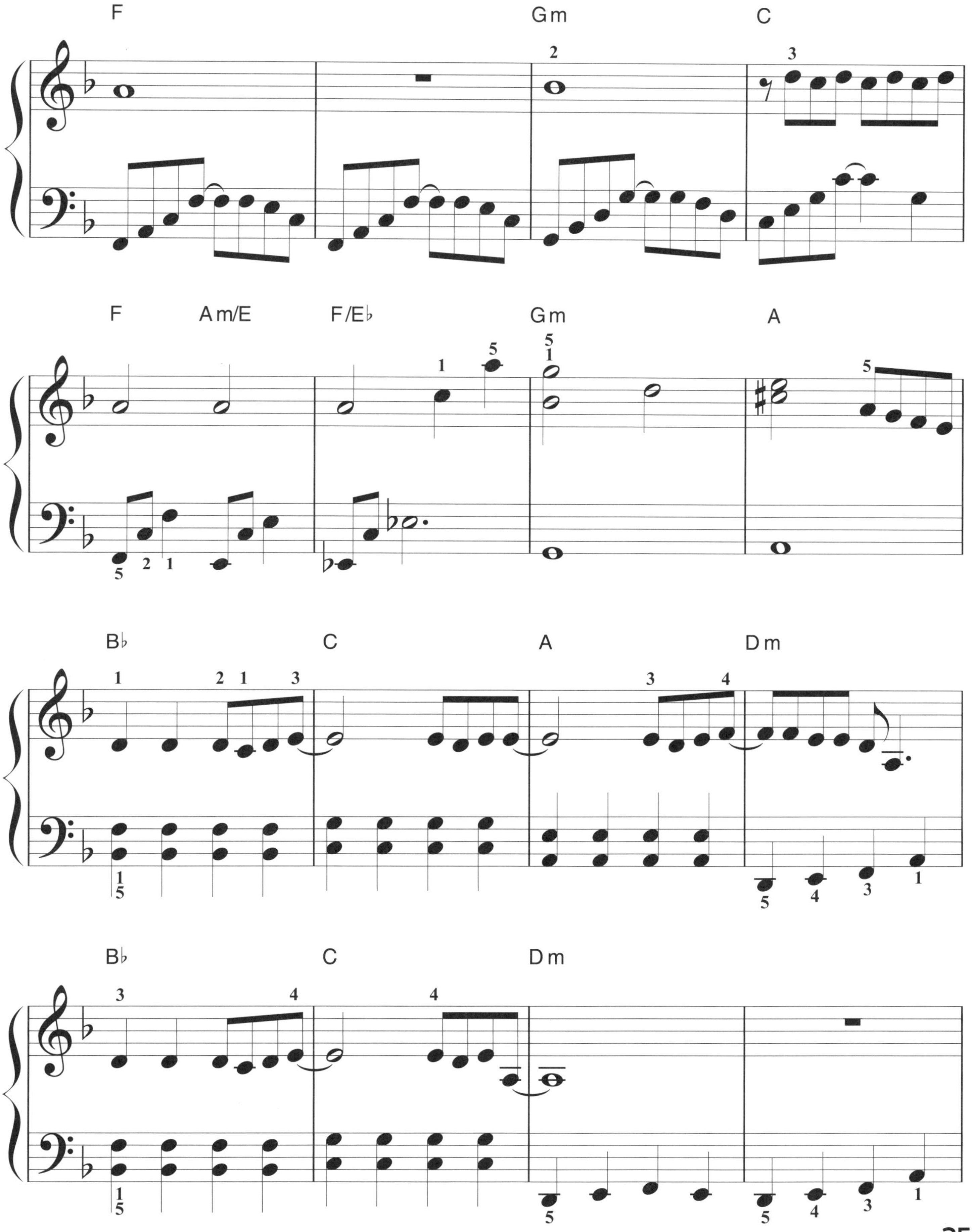
F
Gm
C
F
Am/E
F/E♭
Gm
A
B♭
C
A
Dm
B♭
C
Dm

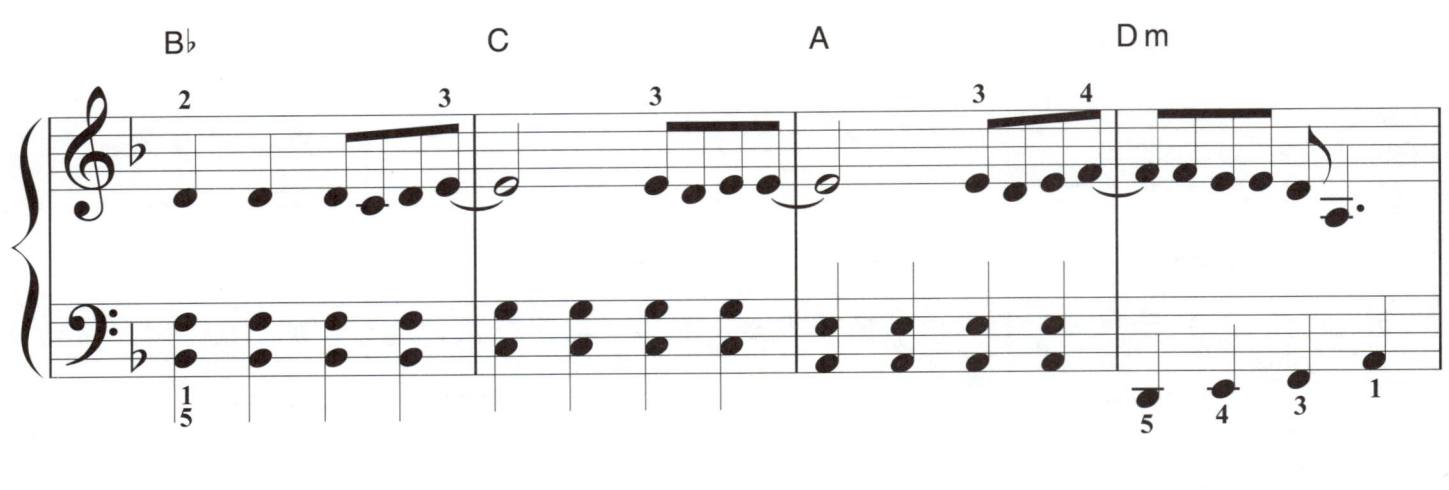

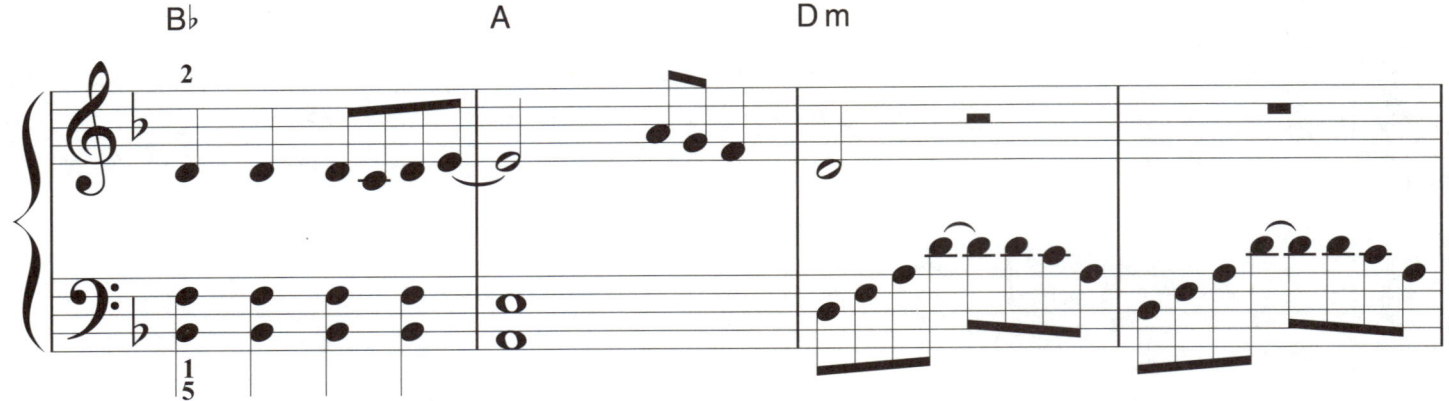

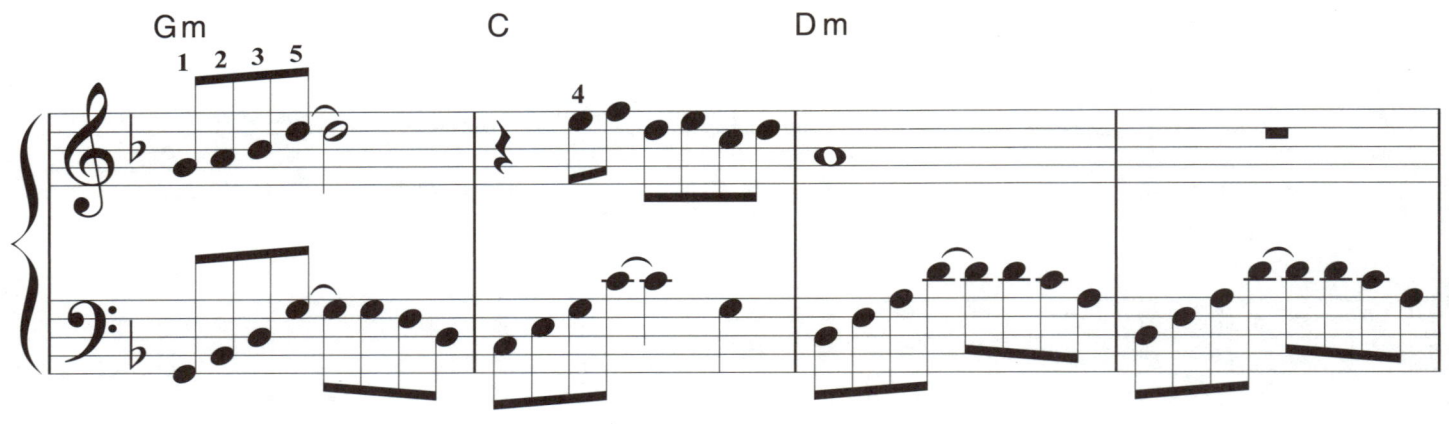

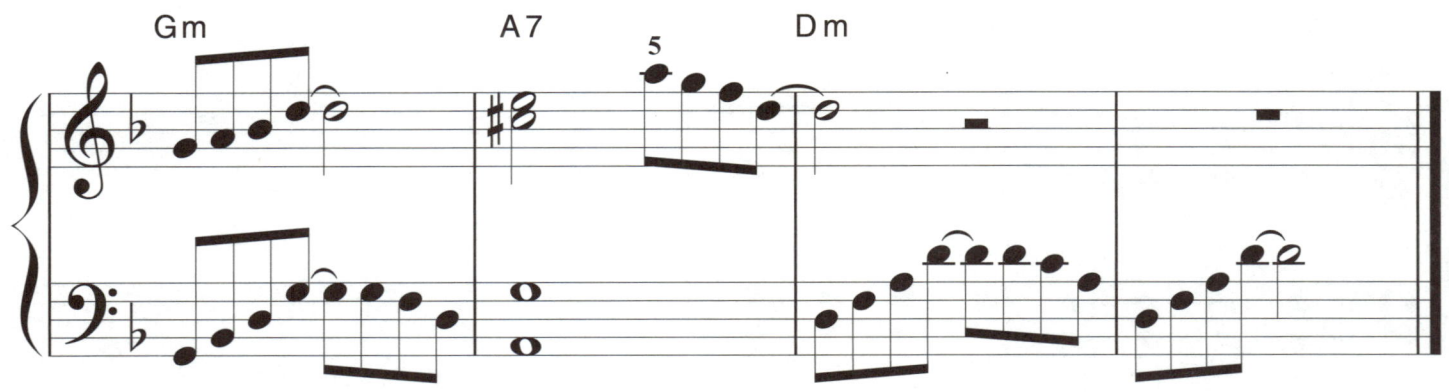

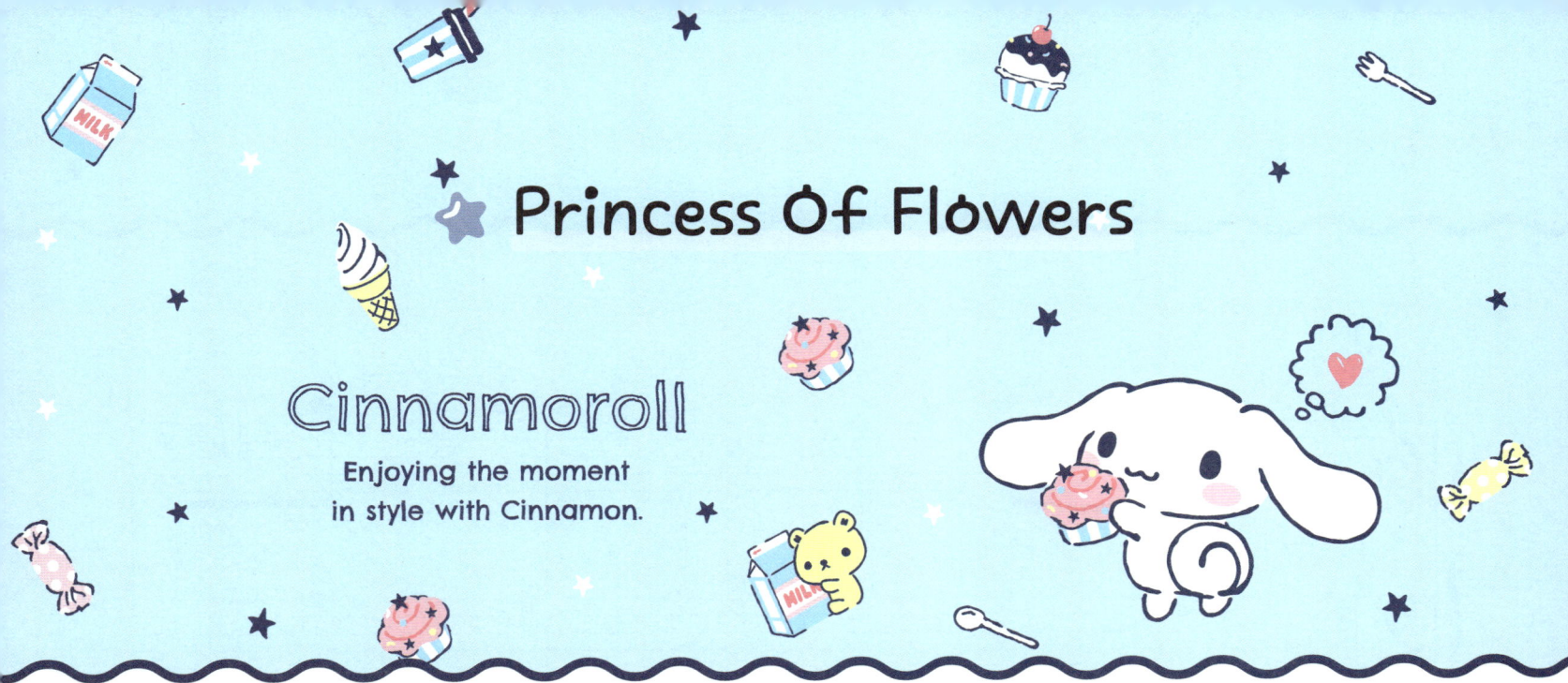

Princess Of Flowers

Cinnamoroll
Enjoying the moment
in style with Cinnamon.

보통 빠르기로

작곡 이사오 사사키

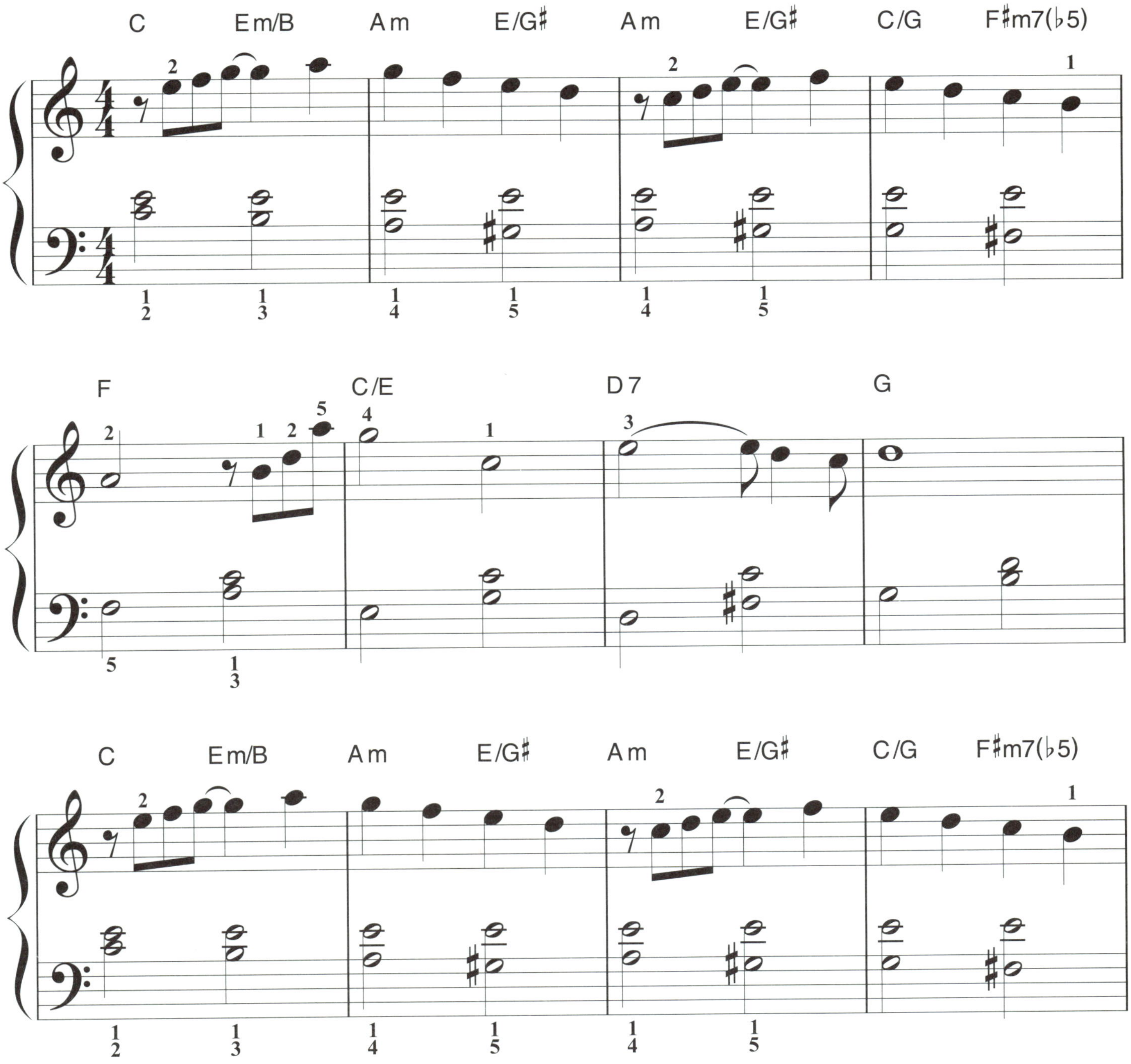
C
Em/B
Am
E/G♯
Am
E/G♯
C/G
F♯m7(♭5)
F
C/E
D7
G
C
Em/B
Am
E/G♯
Am
E/G♯
C/G
F♯m7(♭5)

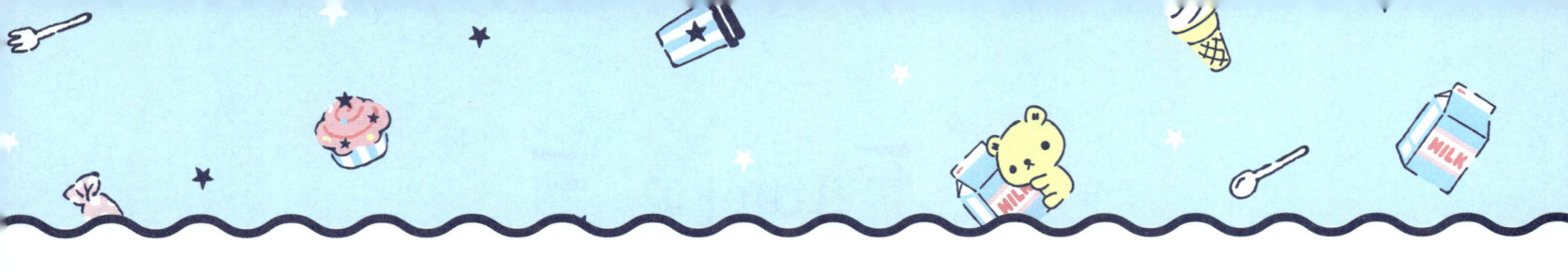

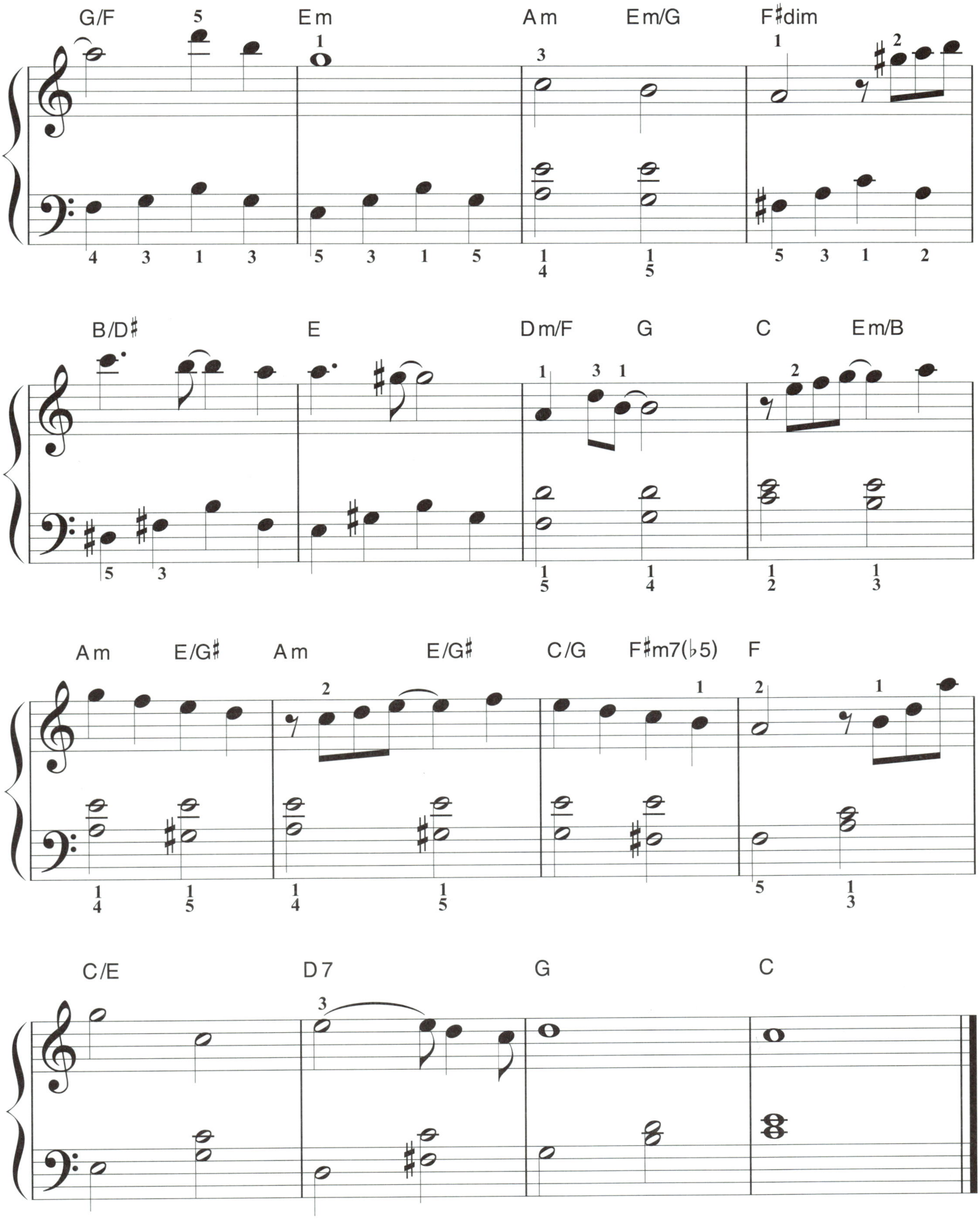
G/F Em Am Em/G F♯dim
B/D♯ E Dm/F G C Em/B
Am E/G♯ Am E/G♯ C/G F♯m7(♭5) F
C/E D7 G C

문어의 꿈

빠르게 **Swing!** (♫ = ♩♪)

작사·작곡 안예은

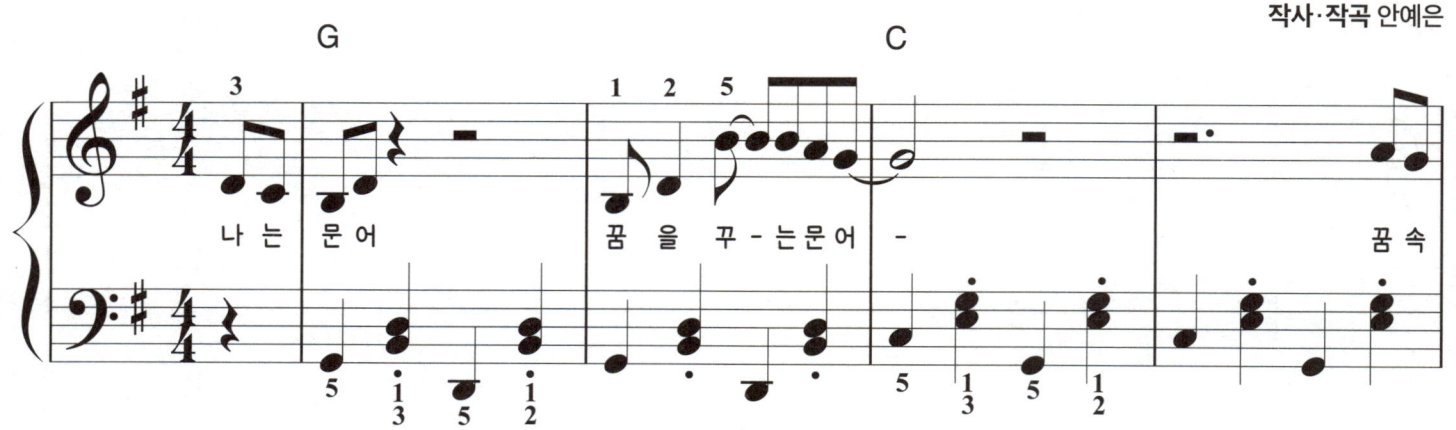

나 는 문 어   꿈 을 꾸 - 는 문 어 -   꿈 속

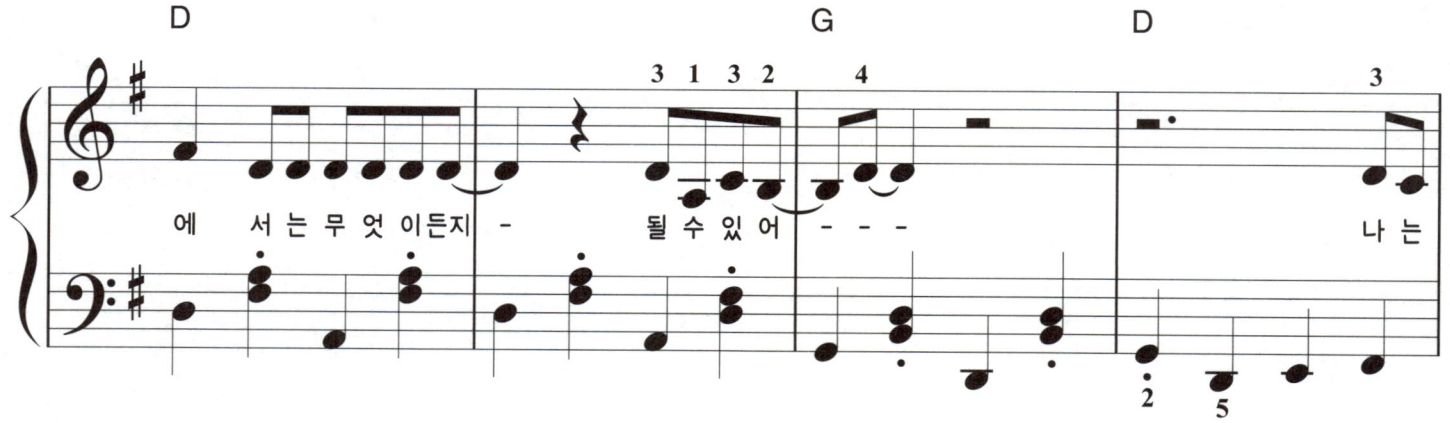

에 서 는 무 엇 이 든 지 - 될 수 있 어 - - -   나 는

문 어   잠 을 자 - 는 문 어 -   어 어 -   잠 에

40

C   Dsus4   D

-을　날아가 -면　나는　오　색　찬란한문 -어　가되는거

G   B

야　아아아아 -아　　야　아아아아 -아　깊은바

C   Cm

-닷　속은너무외로 -워　춥고어 -둡고차 -갑고때　로　는　무섭기도

G   B

해　애애애애 -애　　야　아아아아 -아　그래서

나 는 매 - 일 꿈 을 - 꿔 이 곳 은 참 우 울 해

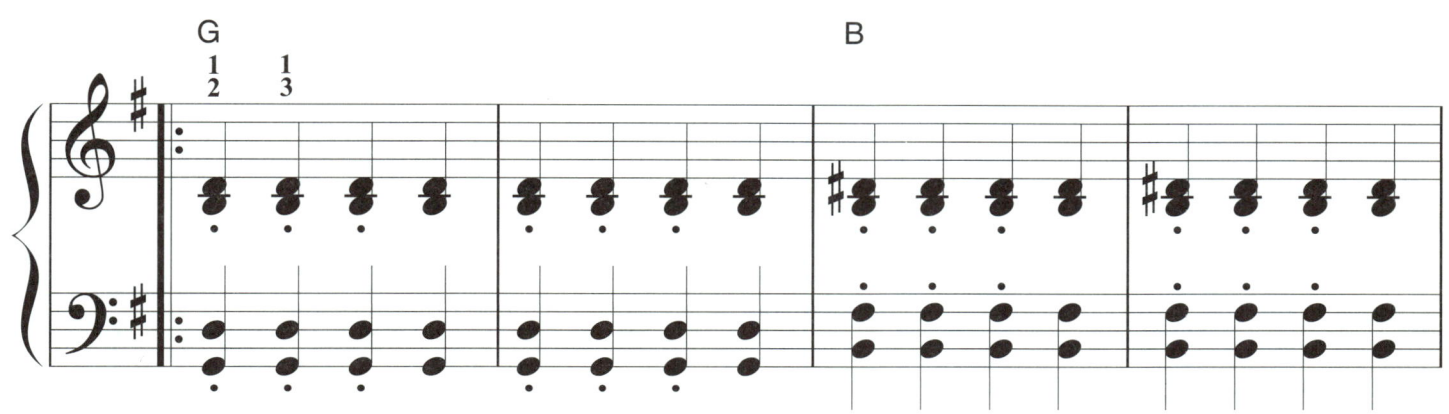

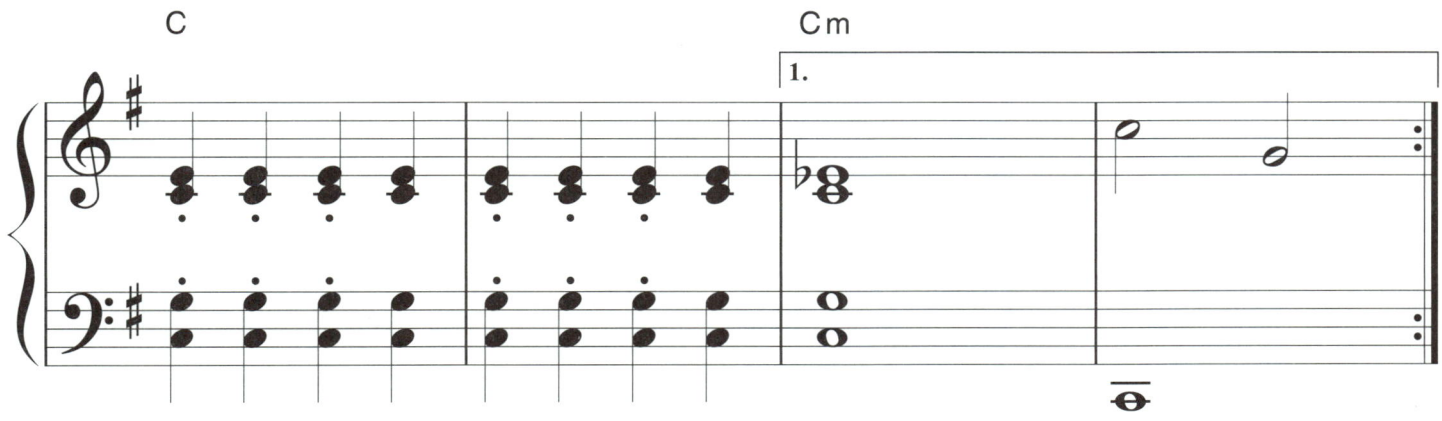

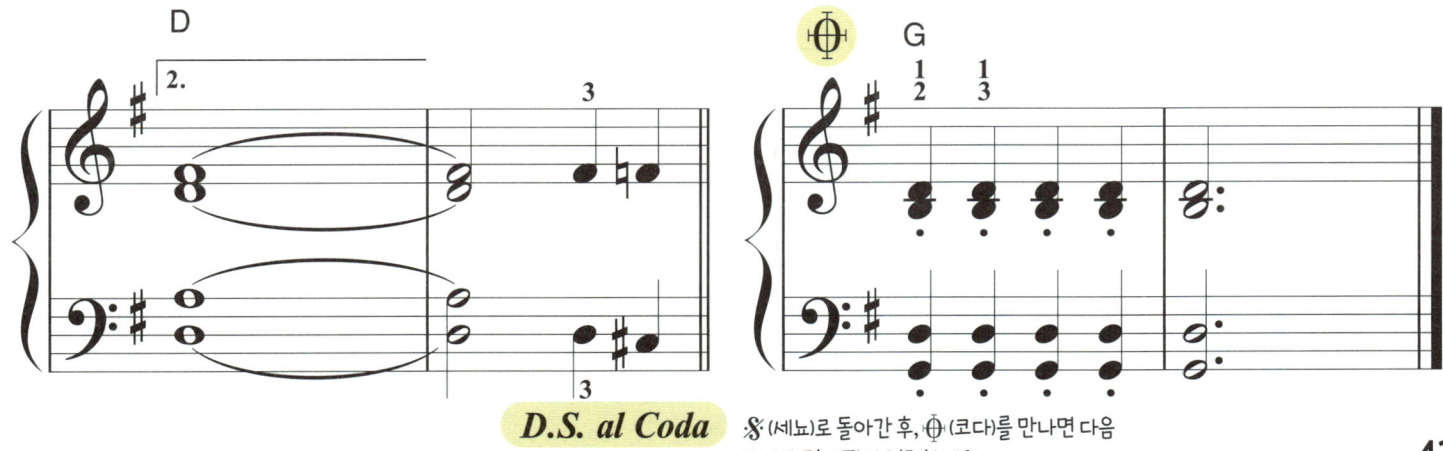

D.S. al Coda 𝄉 (세뇨)로 돌아간 후, ⊕ (코다)를 만나면 다음
코다로 건너뛰어 연주하세요~

43

The Entertainer

빠르게

작곡 스콧 조플린

44

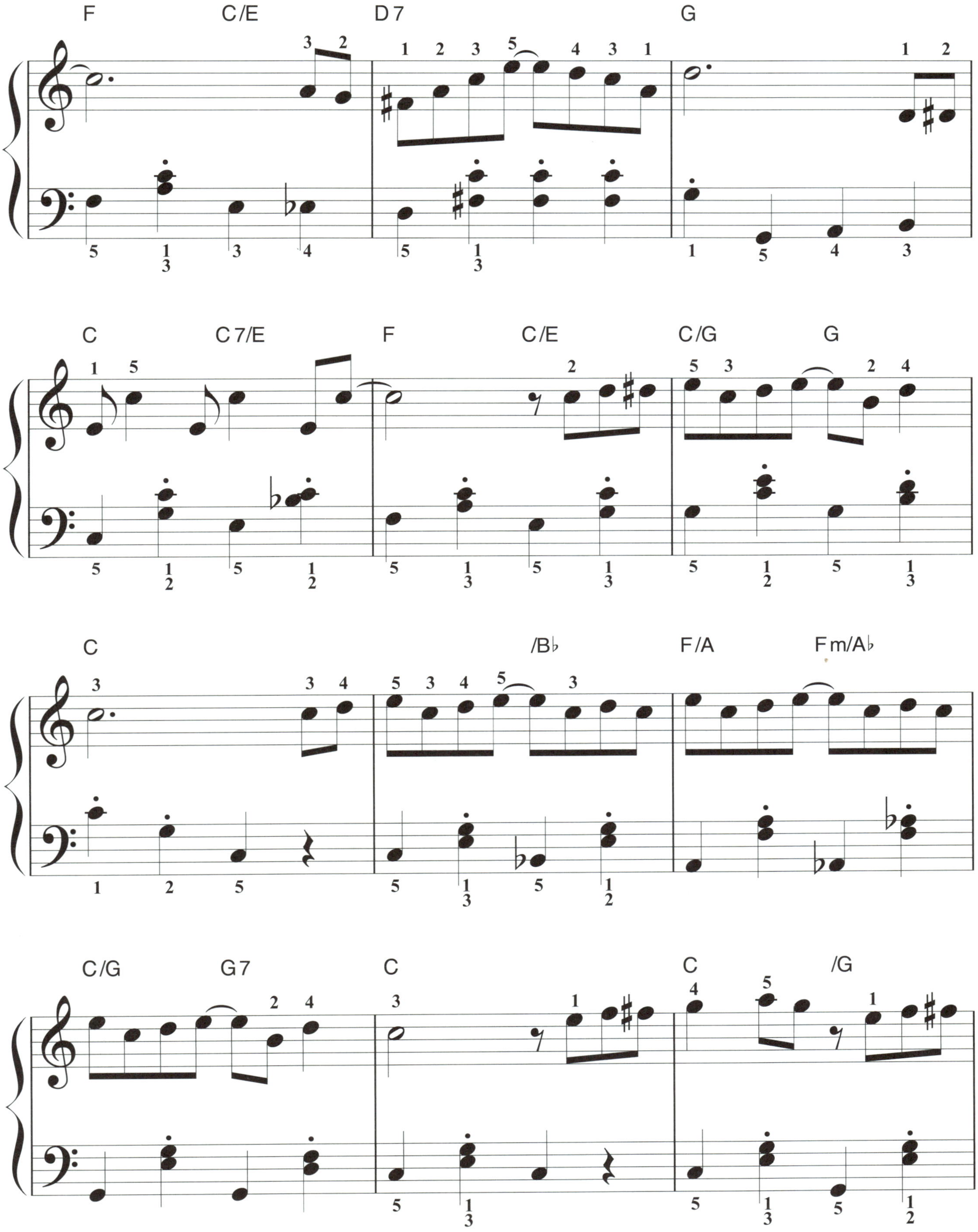
F C/E D7 G
C C7/E F C/E C/G G
C /B♭ F/A Fm/A♭
C/G G7 C C /G

C /G F/C Fm/C C /G
C /G C /G G/D D G
C /G C /G F/C Fm/C C /G
F F♯dim C/G D G C

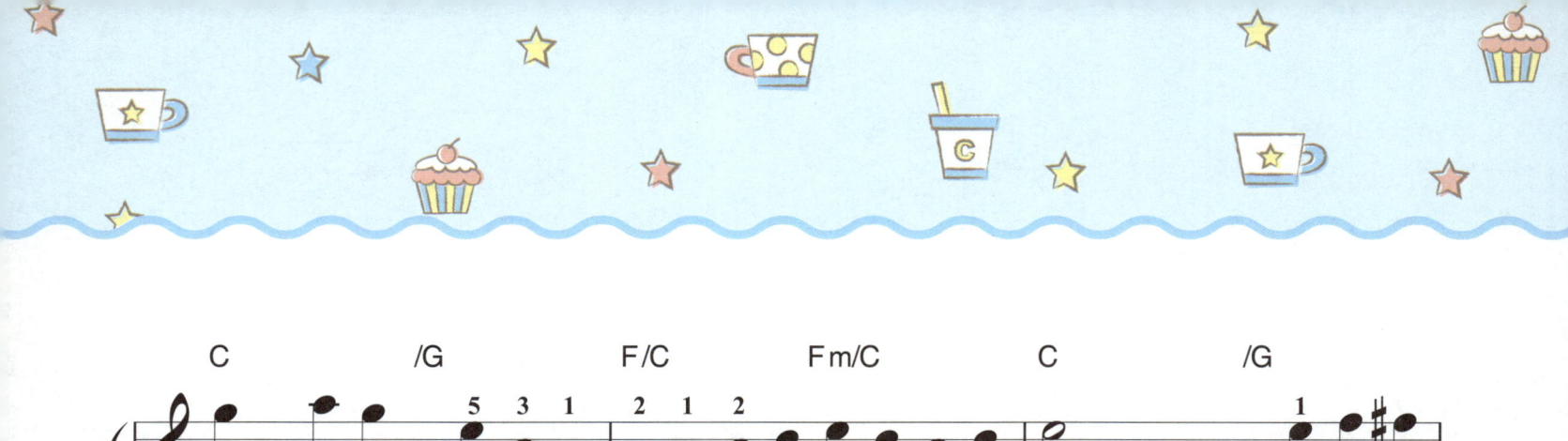

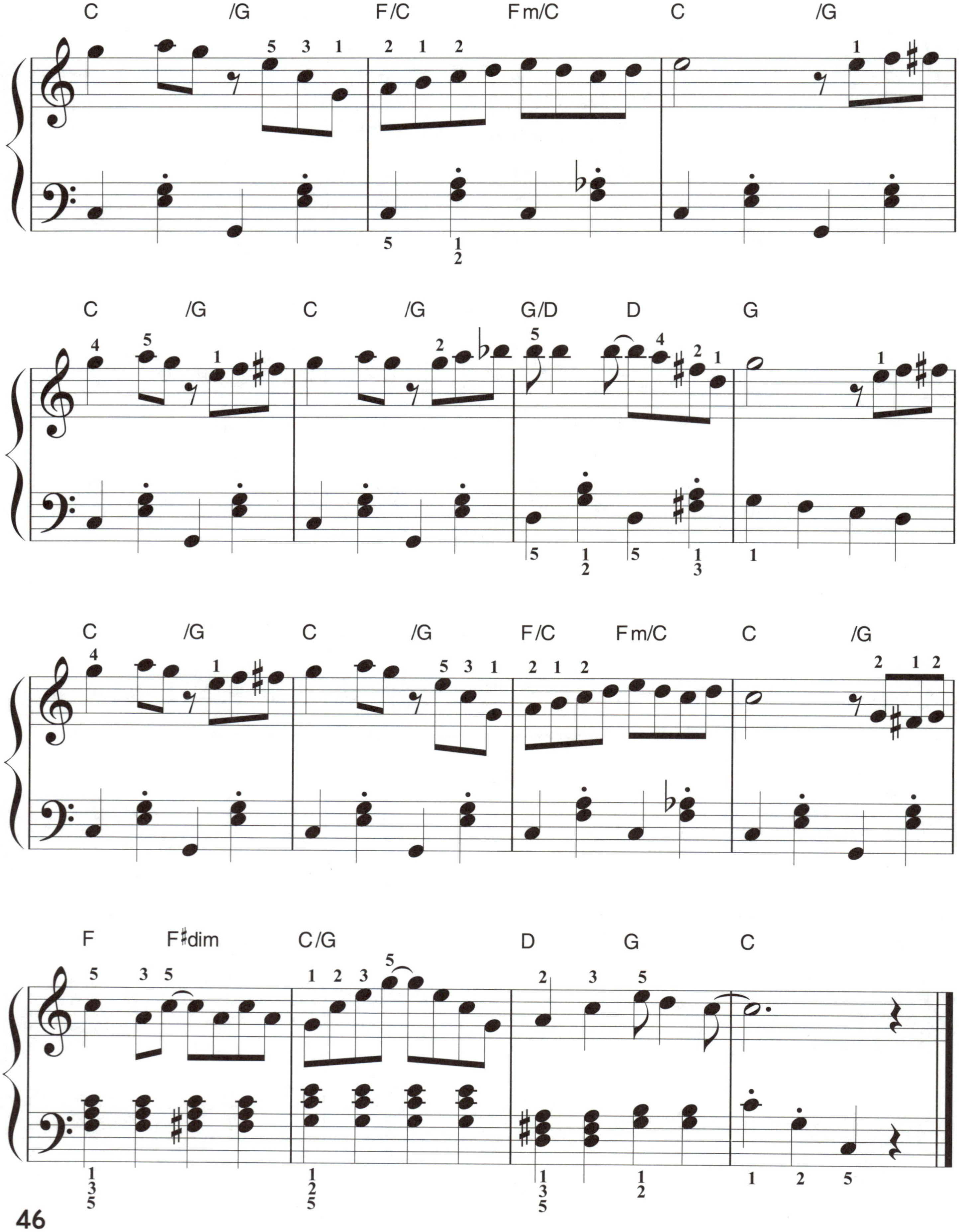

토토의 즐거운 하루

보통 빠르기로

작곡 시즈코 모리

Cinnamoroll

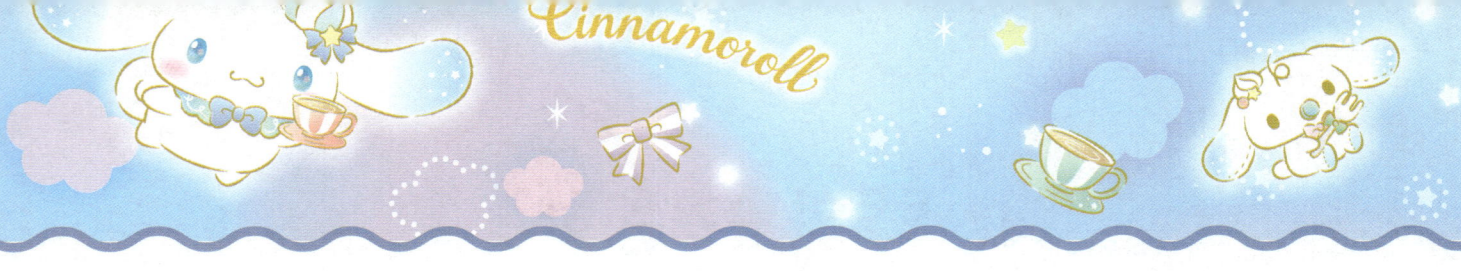

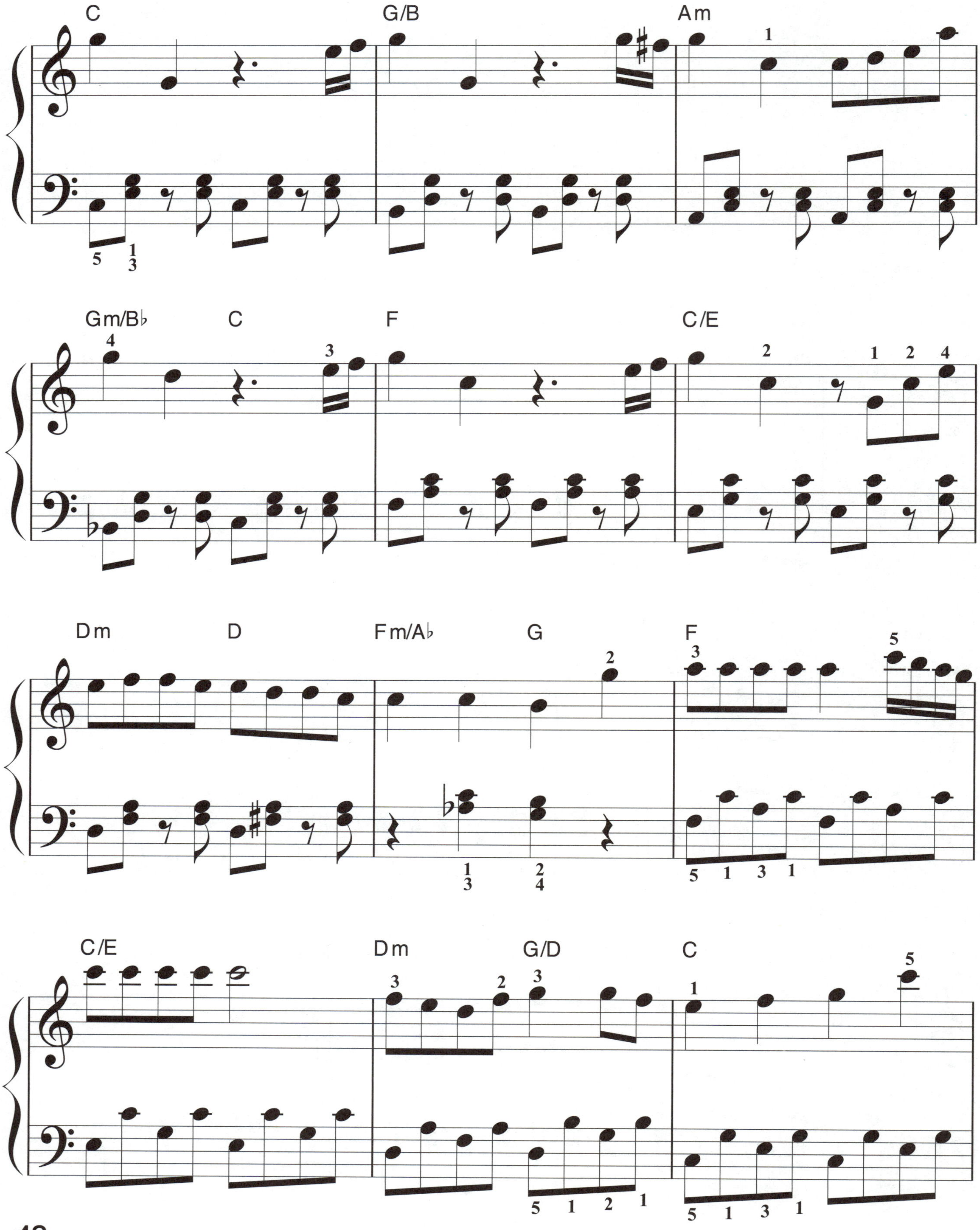
C
G/B
Am
Gm/B♭
C
F
C/E
Dm
D
Fm/A♭
G
F
C/E
Dm
G/D
C

도레미 송

조금 빠르게

작곡 리처드 로저스

도 는 하 얀 도 화 지

레 는 둥 근 레 코

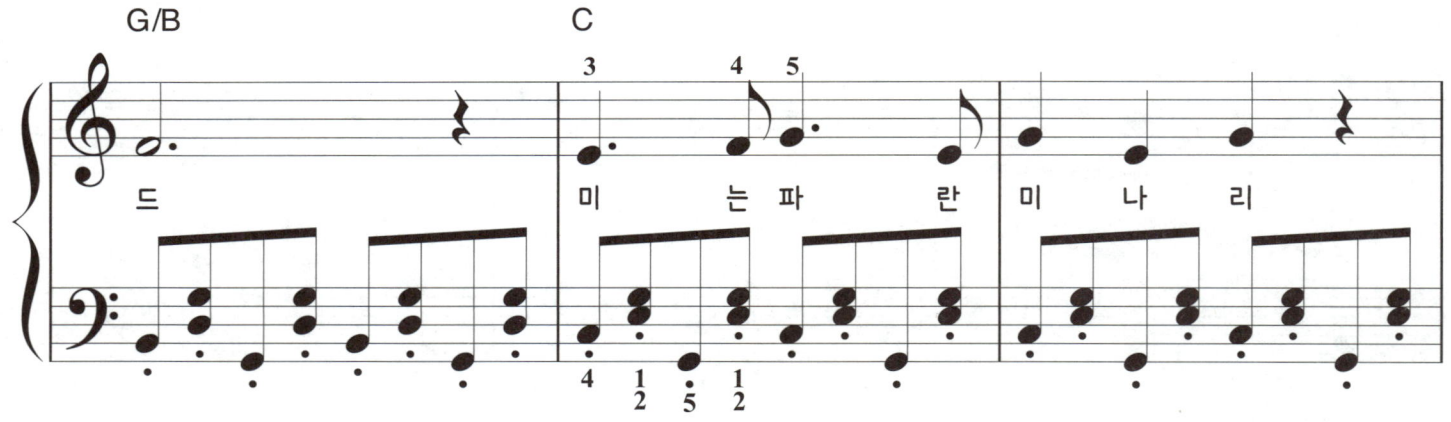

드

미 는 파 란 미 나 리

파 는 예 쁜 파 랑 새

솔 은 작 은 솔 방

50

CINNAMOROLL
CINNAMOROLL
Delicious looking apples!

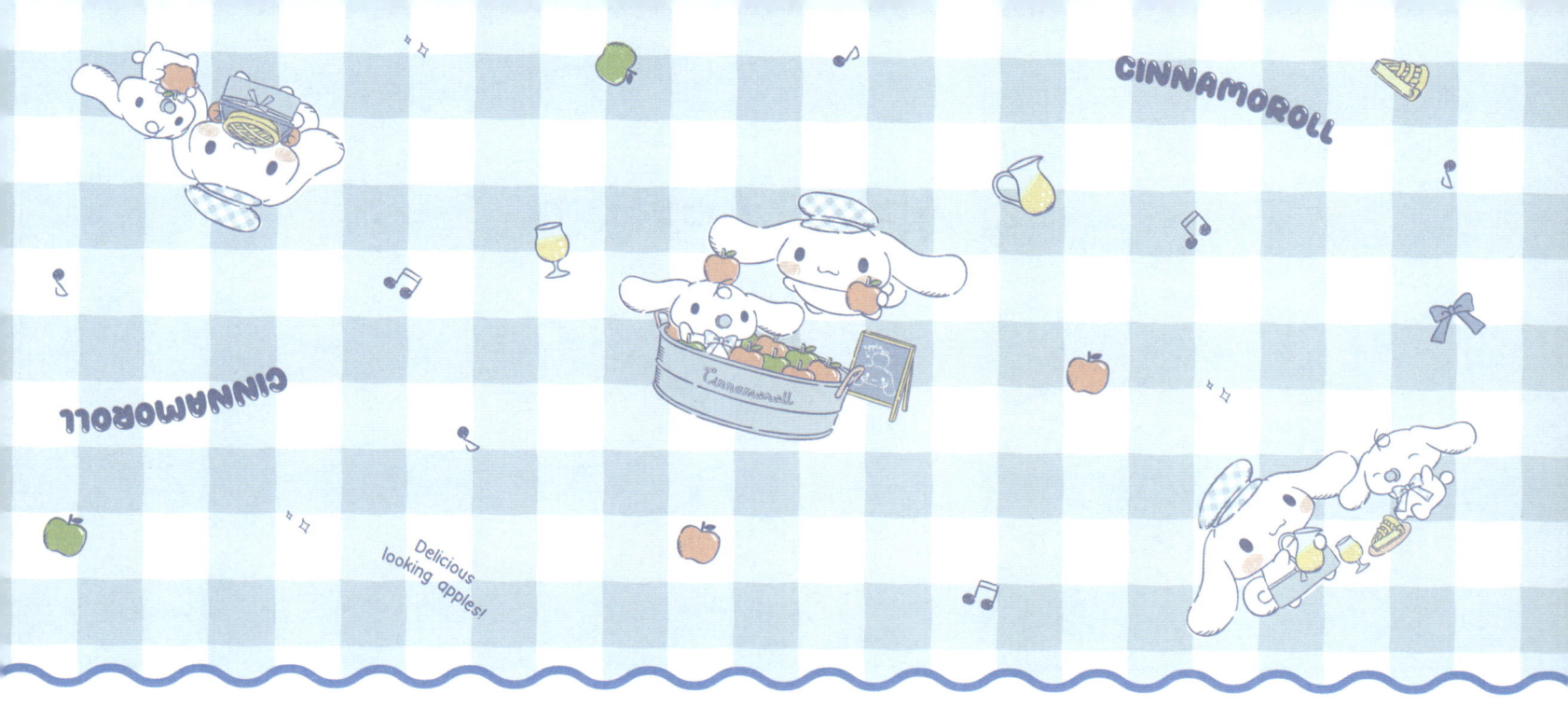

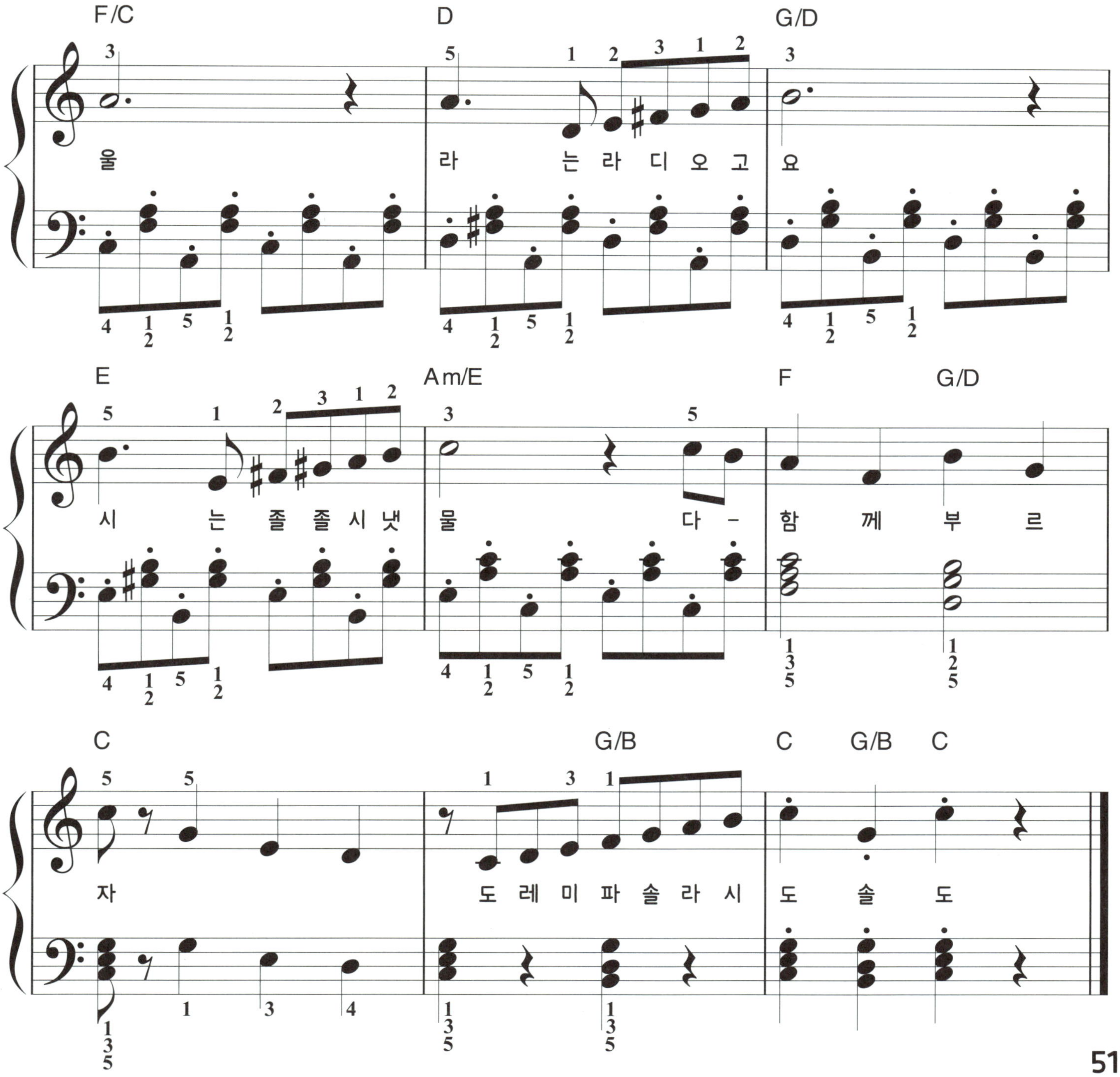
F/C D G/D
울 라 는 라 디 오 고 요
E Am/E F G/D
시 는 졸 졸 시 냇 물 다 – 함 께 부 르
C G/B C G/B C
자 도 레 미 파 솔 라 시 도 솔 도

상륜소우사수련탄

조금 빠르게

작곡 주걸륜

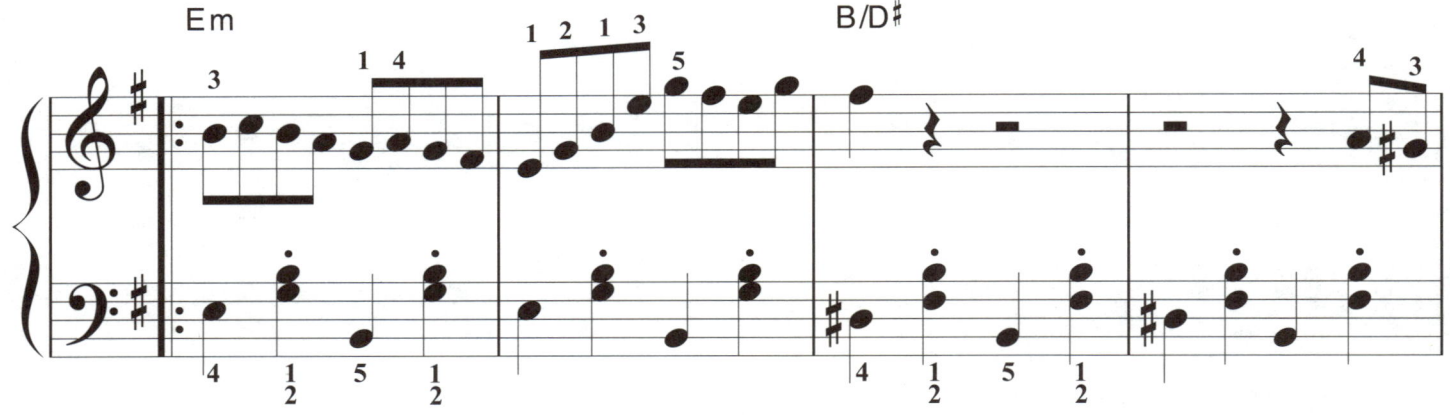

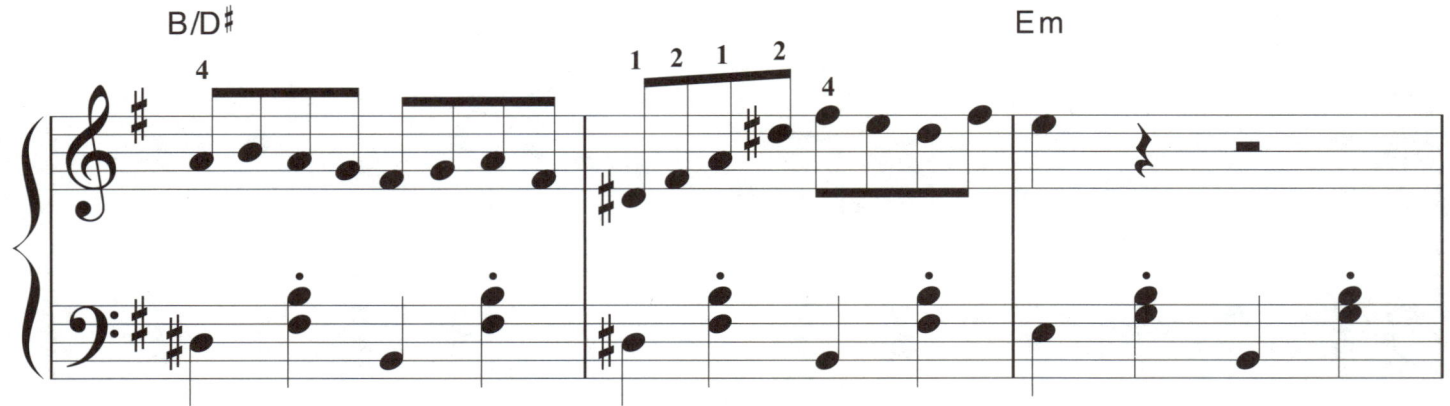

넬라 판타지아

느리게

작곡 엔니오 모리코네

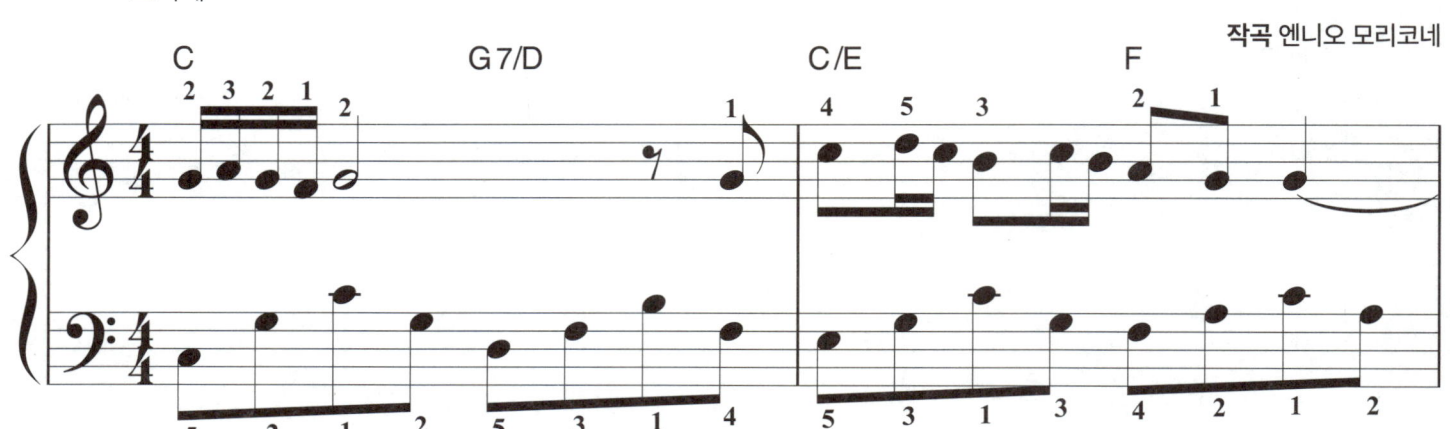

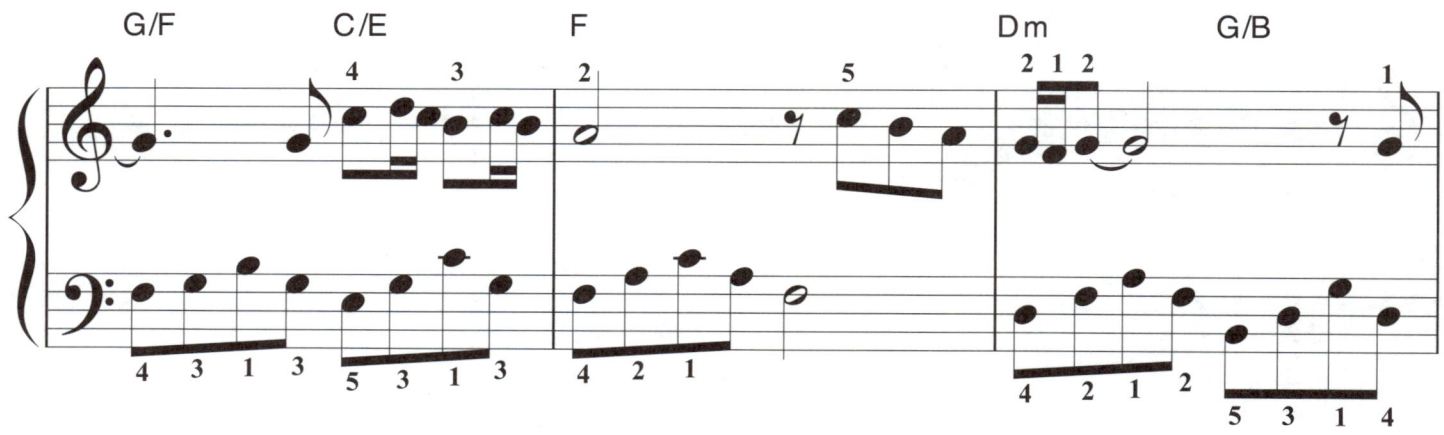

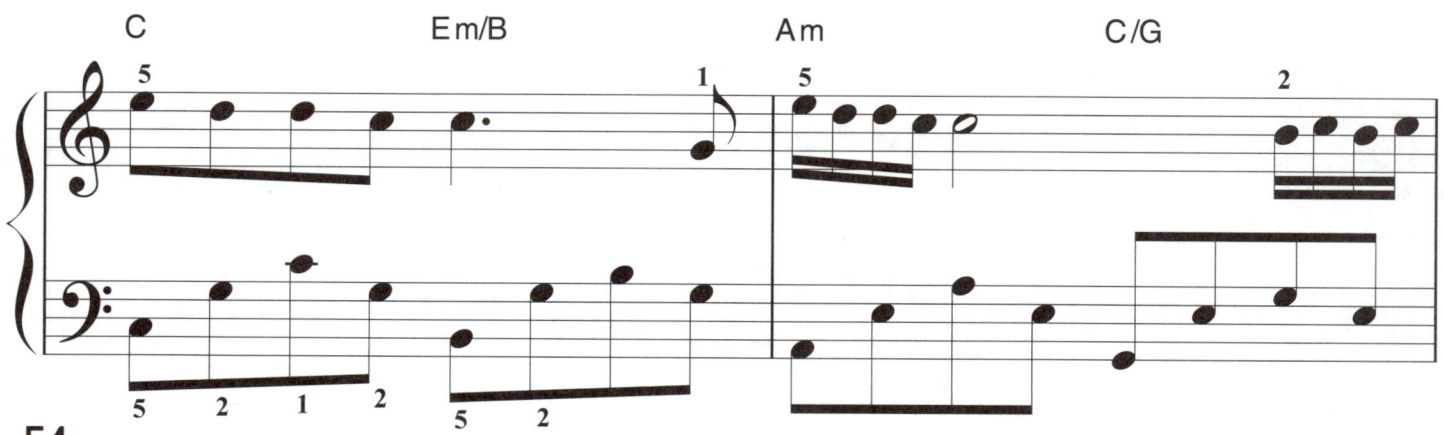

54

Cinnamoroll
Eating sweets with friends is always such a treat!

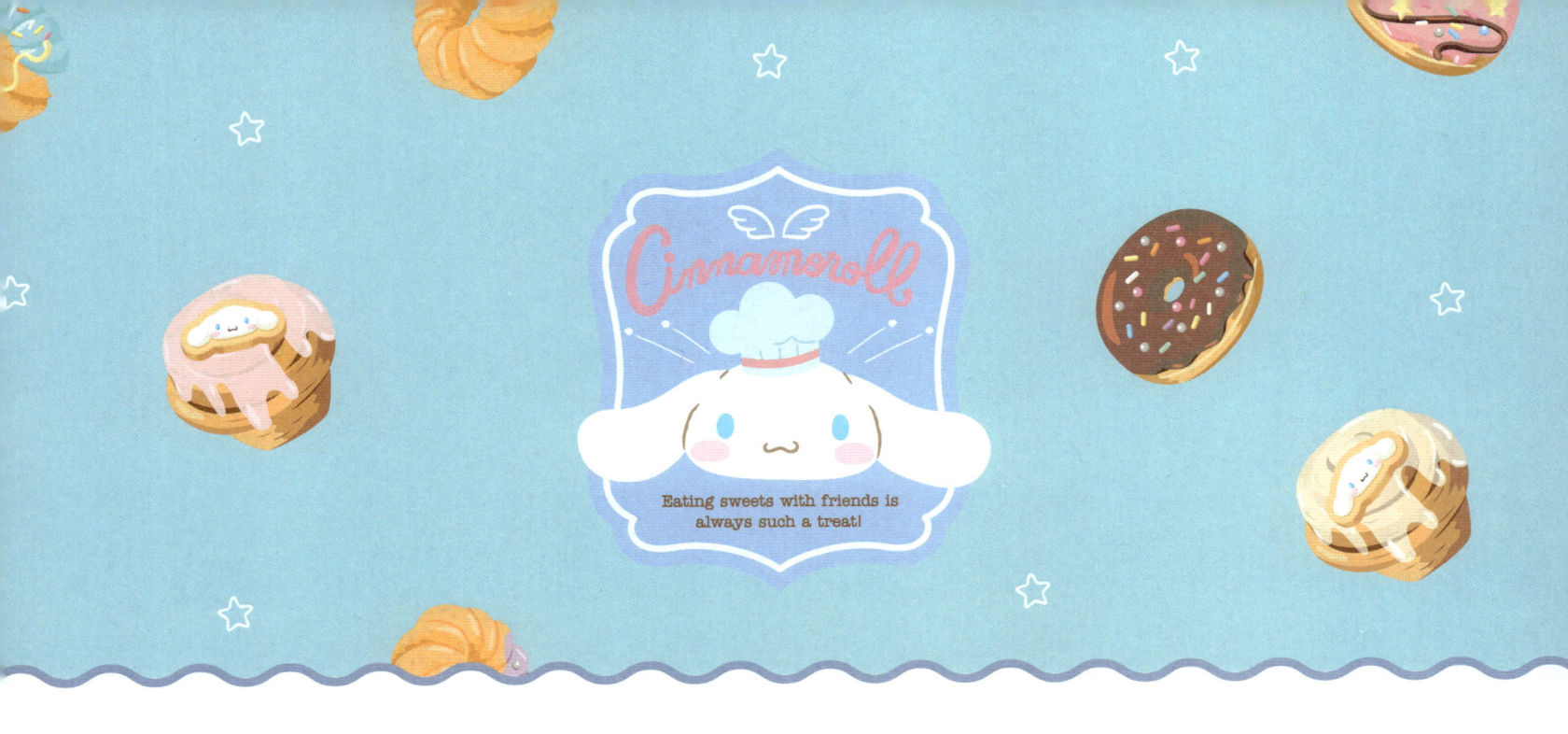

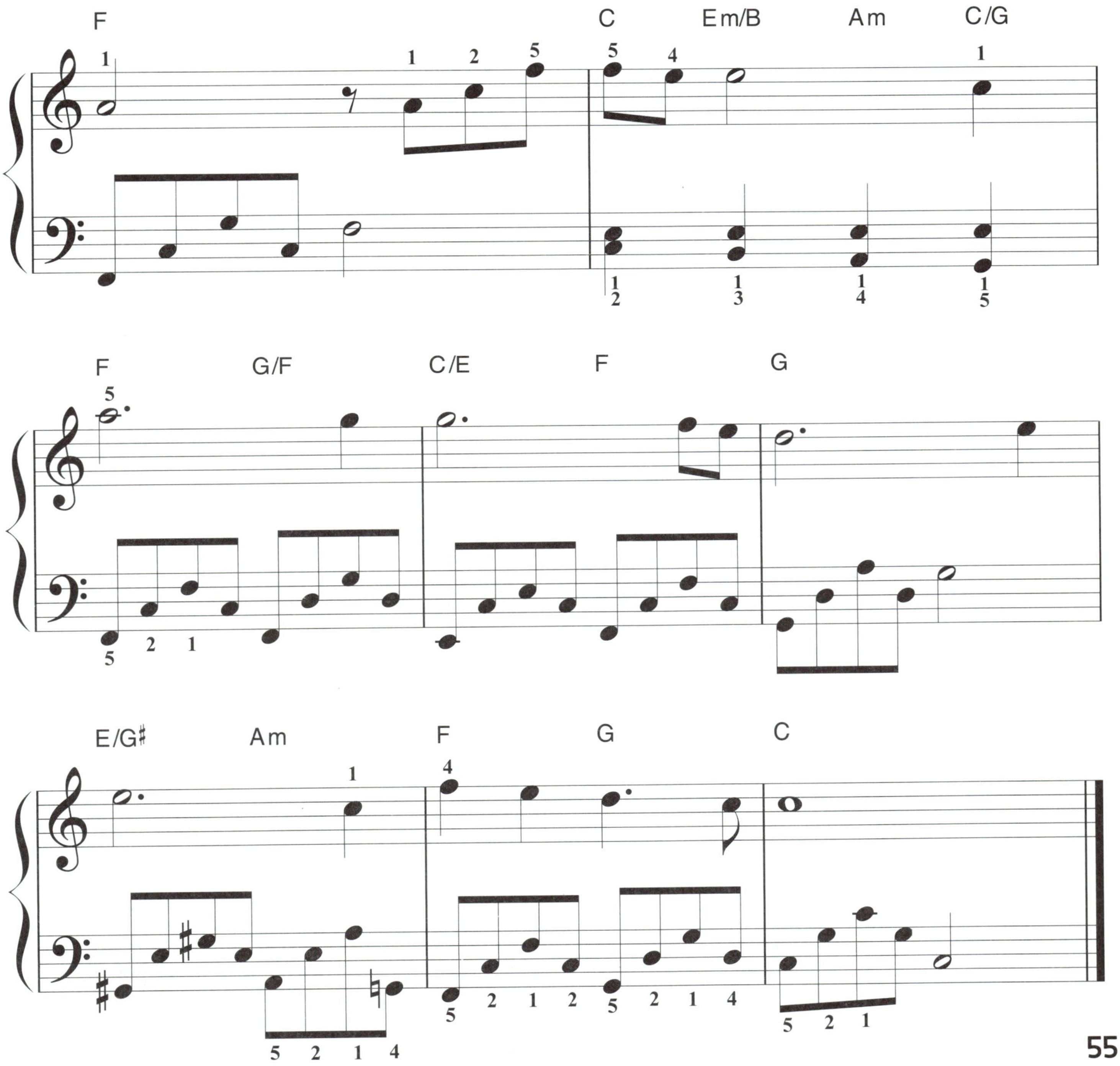
F
C
Em/B
Am
C/G
F
G/F
C/E
F
G
E/G♯
Am
F
G
C

네 잎 클로버

조금 빠르게

작사·작곡 박영신

깊 고작 은산 골짜 기 사 이로 맑은 물흐르 는 작 은샘 터 에

예 쁜꽃 들사이 에 살 짝숨 겨진 이 슬먹 고피어 난 네 잎클로 버랄 랄라

한 —잎랄랄라 두 —잎랄랄라 세 —잎랄랄라 네 — 잎

56

Cinnamoroll

I wish upon the stars so bright,
as I snuggle in and say good night.

행 운을 가져다 준 다 는   수 줍 은얼굴의미 소

한 줄기의따스 한   햇 살받 으 며   희 망으로가득 한   나 의친구야 빛 처

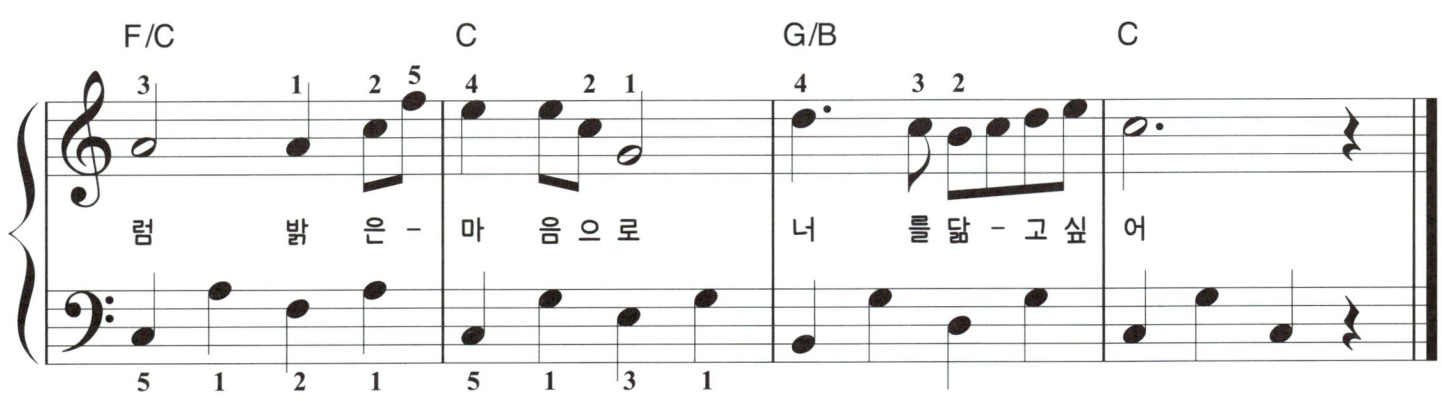

럼 밝 은─ 마 음으로   너 를닮─고싶 어

⭐ Let It Be

작사·작곡 폴 매카트니

숨은 이름 찾기

⭐ 아래 표에서 시나모롤 친구들의 이름을 찾아 색칠하고 이름 칸에 알맞은 이름을 적어보세요.

시나모롤 친구들

힌트: 앞 4~5p

카푸치노, 모카, 쉬폰, 에스프레소, 밀크, 작은새들, 코코, 넛츠, 포롱, 코르네

베	리	스	콘	타	데	코	시	나	무	데	하	샘	푸	마	리
루	무	니	루	차	포	롱	케	포	롬	포	바	츠	페	쉬	타
캐	유	츠	배	코	쿠	리	스	푸	코	요	포	그	티	폰	피
츠	로	아	그	마	요	차	시	나	모	롤	츠	시	페	어	네
마	고	노	카	카	치	노	요	친	들	이	시	에	틀	어	룰
트	윈	스	폼	푸	여	담	친	구	레	코	르	네	베	롤	보
작	새	들	타	치	차	코	면	들	케	코	쿠	샘	시	롤	페
호	저	시	나	노	야	녕	오	즈	쇼	작	딸	갈	요	홍	카
택	아	는	는	종	포	차	코	들	뇨	서	페	모	카	까	는
밀	코	넛	들	인	어	안	밀	나	슈	카	세	모	은	아	쉬
아	담	츠	도	크	홍	제	크	새	롤	너	하	반	키	요	키
폼	족	술	쇼	만	에	엄	우	리	모	이	무	서	인	맛	있
폰	기	저	에	에	이	택	발	가	고	작	요	택	노	요	티
신	나	딸	스	워	요	카	가	분	나	리	은	여	아	월	코
네	르	에	스	프	레	소	좋	요	청	잔	린	새	치	해	요
다	먹	코	음	모	대	푸	만	한	푸	해	공	쿠	들	로	미

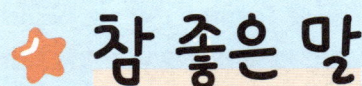

참 좋은 말

빠르게

작사 김완기 작곡 장지원

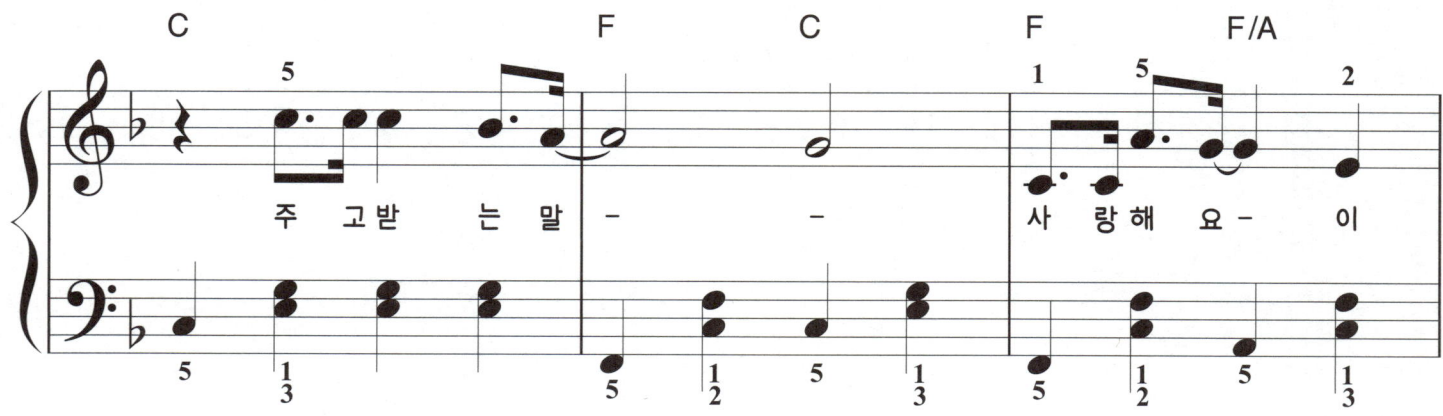

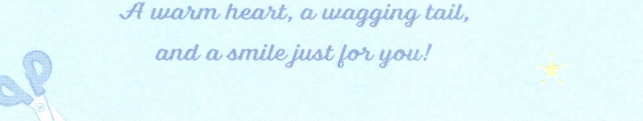

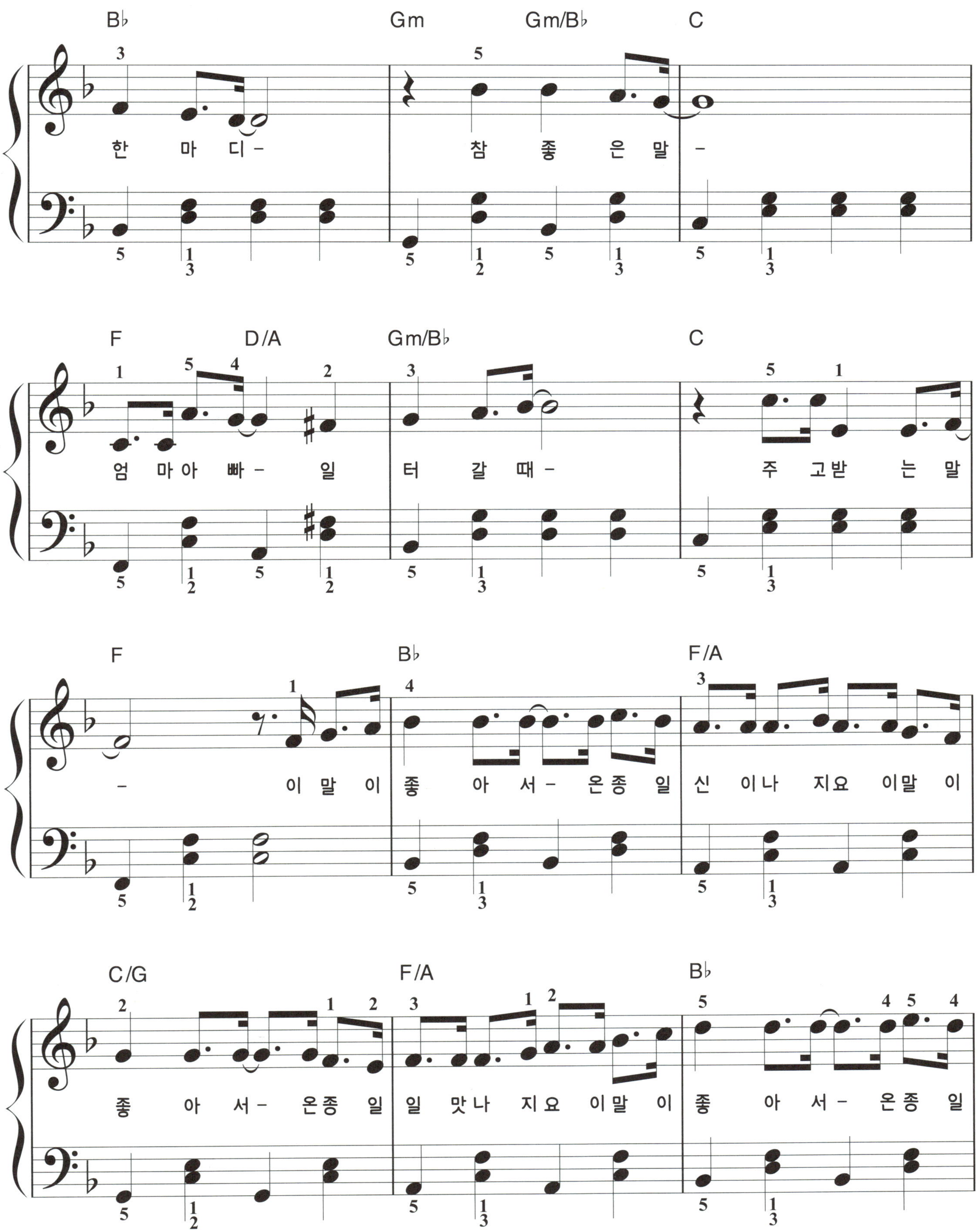

한 마 디 –
참 좋 은 말 –
엄 마 아 빠 – 일
터 갈 때 –
주 고 받 는 말
– 이 말 이 좋 아 서 – 온 종 일 신 이 나 지 요 이 말 이
좋 아 서 – 온 종 일 일 맛 나 지 요 이 말 이 좋 아 서 – 온 종 일

61

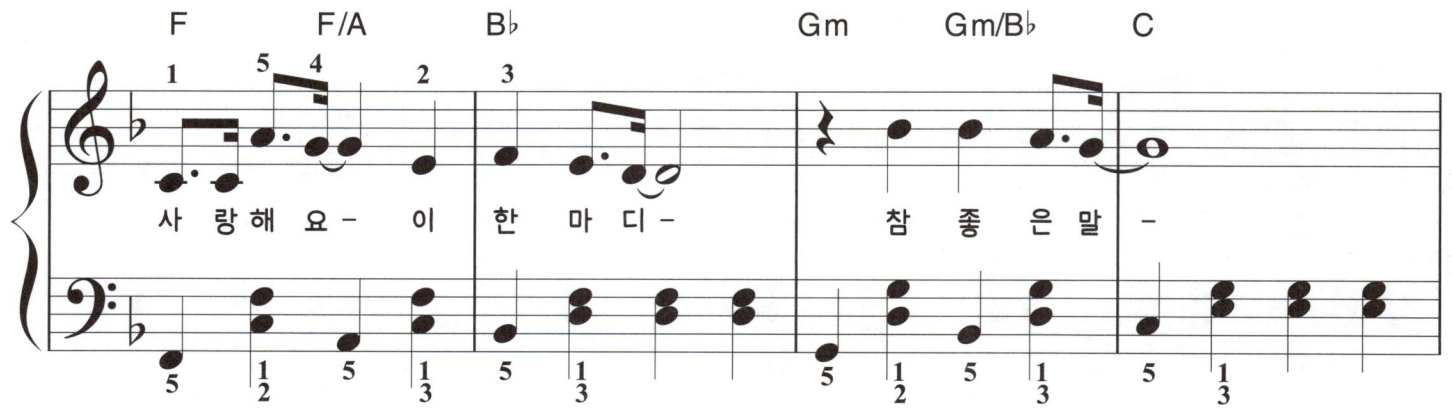

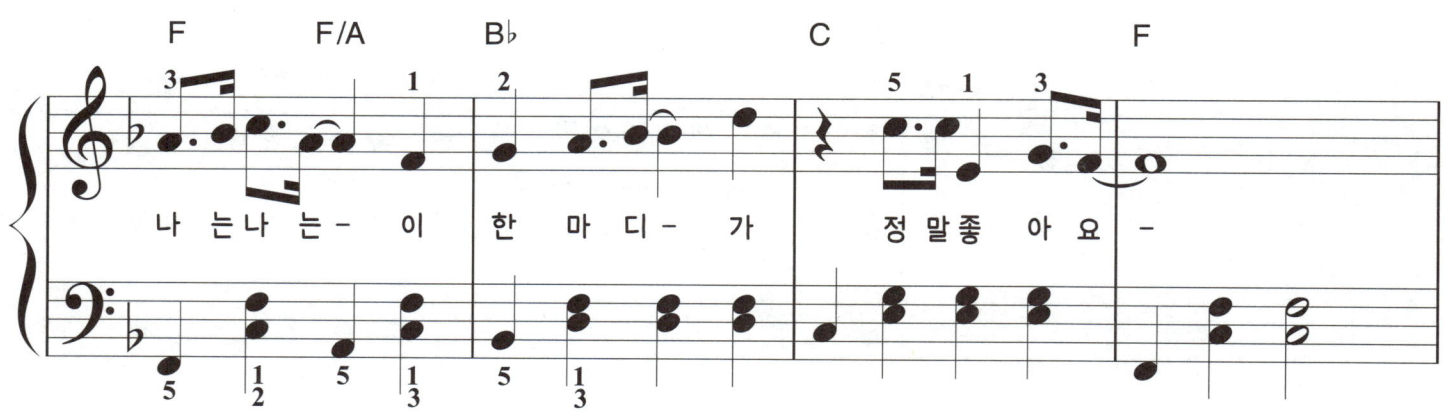

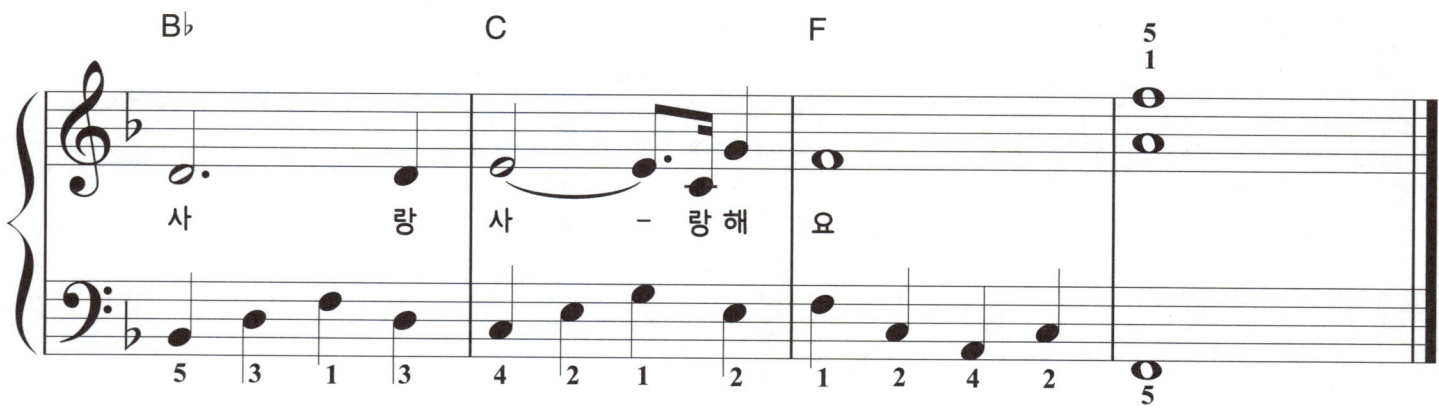

Raindrops Keep Falling On My Head

작곡 버트 배커랙

When the beat starts, the music sets my body moving.

조금 빠르게

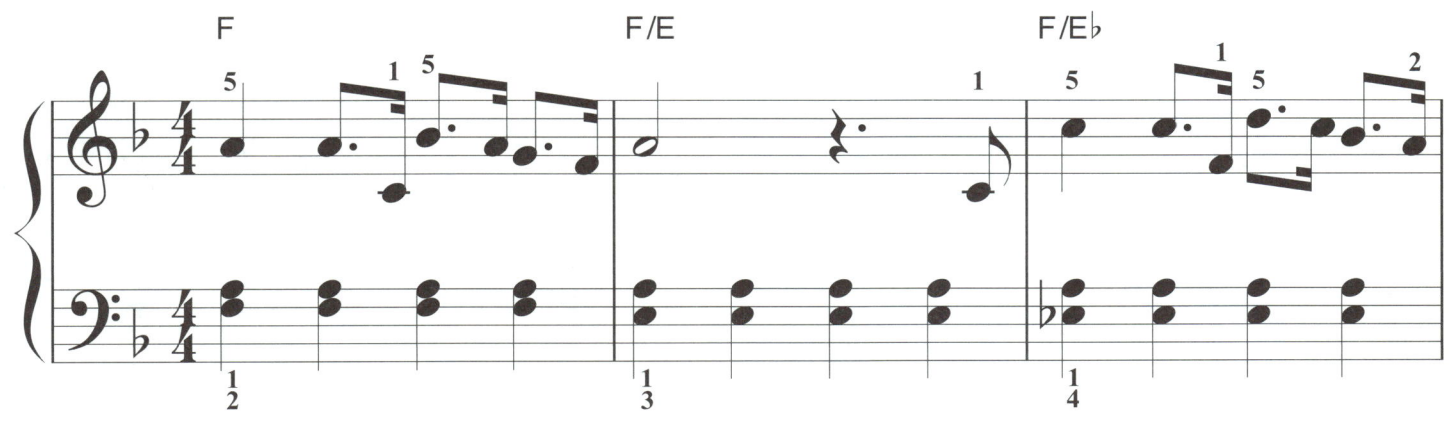

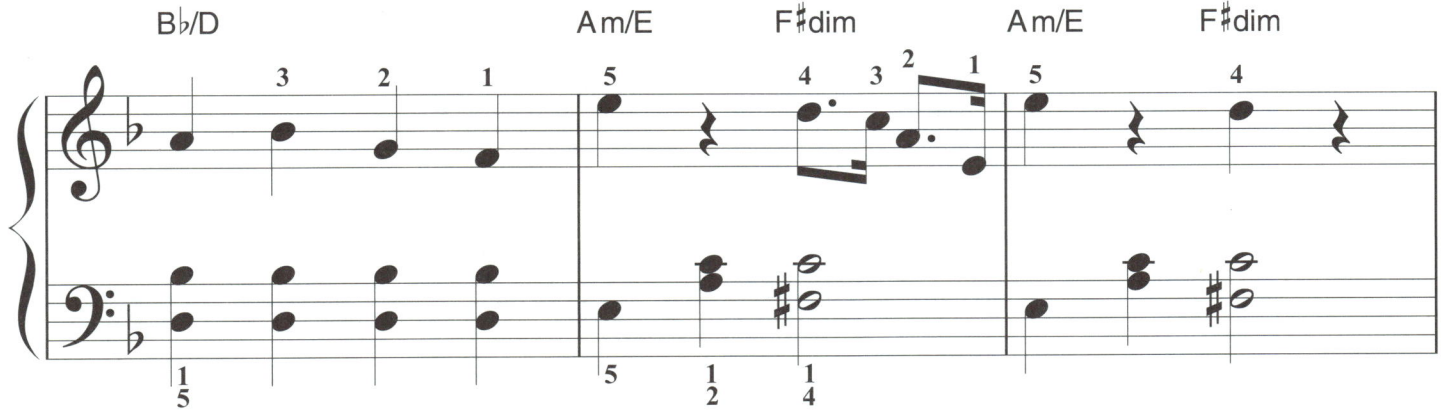

When the beat starts,
sets my body moving.

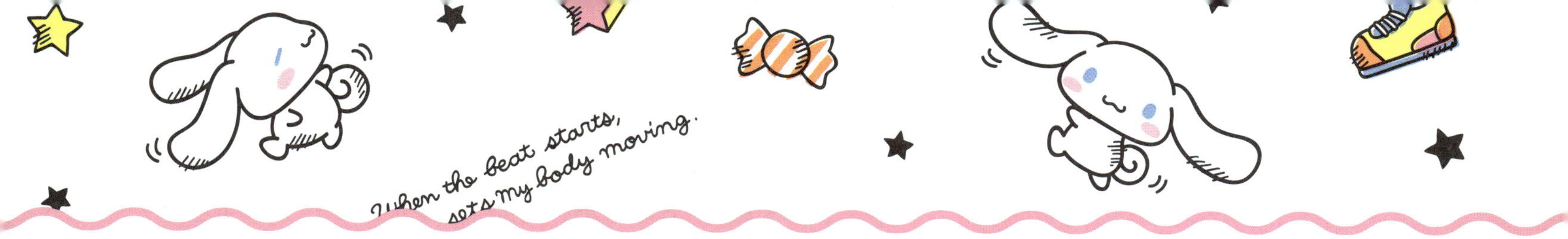

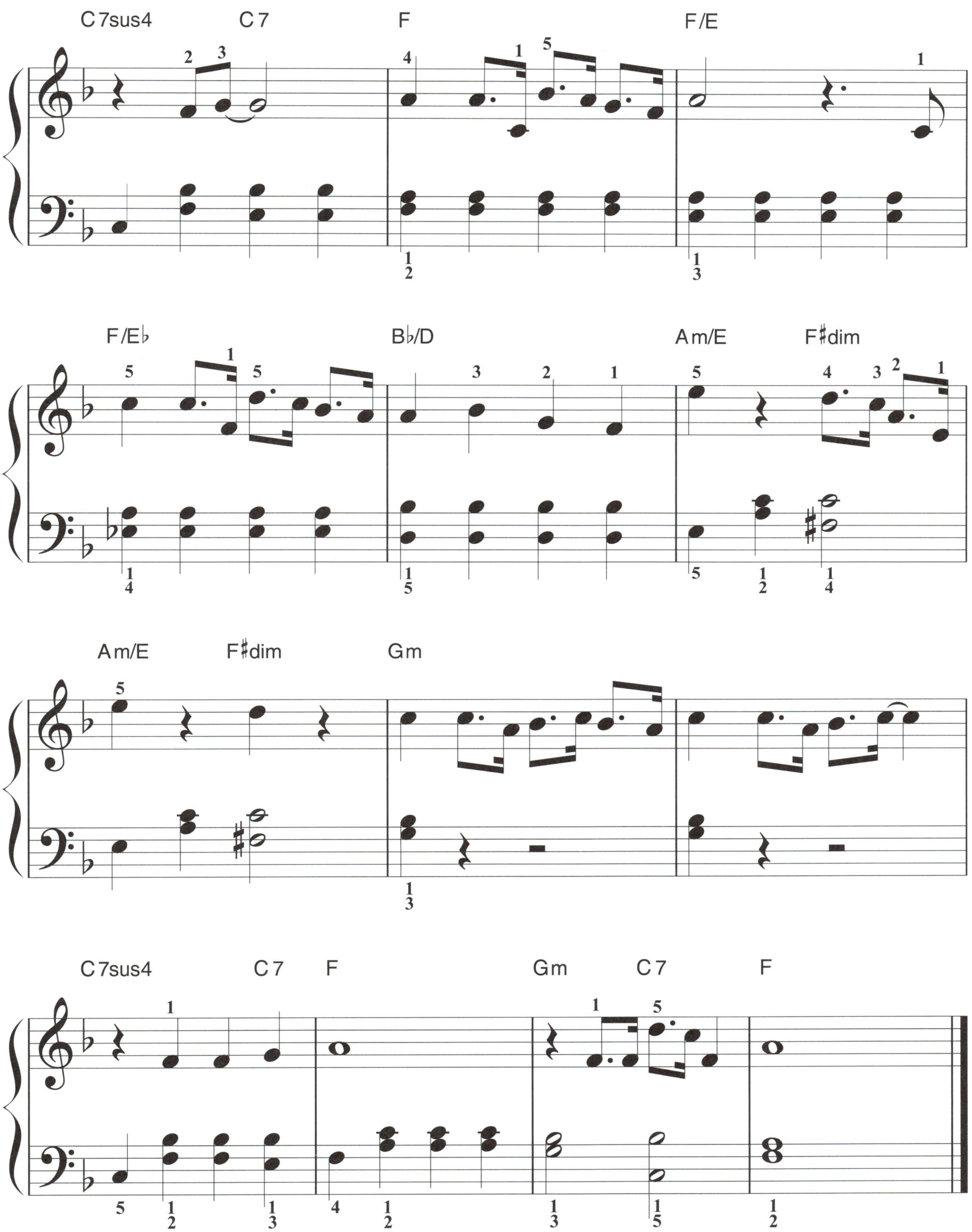
C7sus4 C7 F F/E
F/E♭ B♭/D Am/E F♯dim
Am/E F♯dim Gm
C7sus4 C7 F Gm C7 F

Heal The World

조금 느리게

작곡 마이클 잭슨

Cinnamoroll

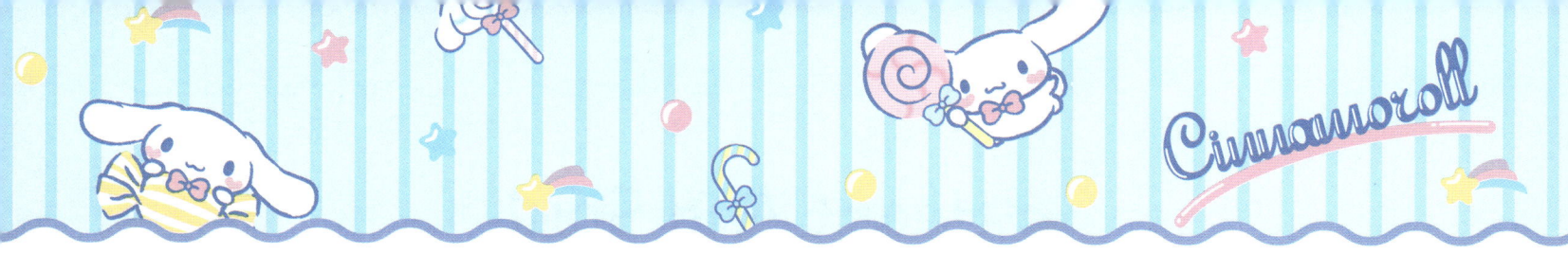

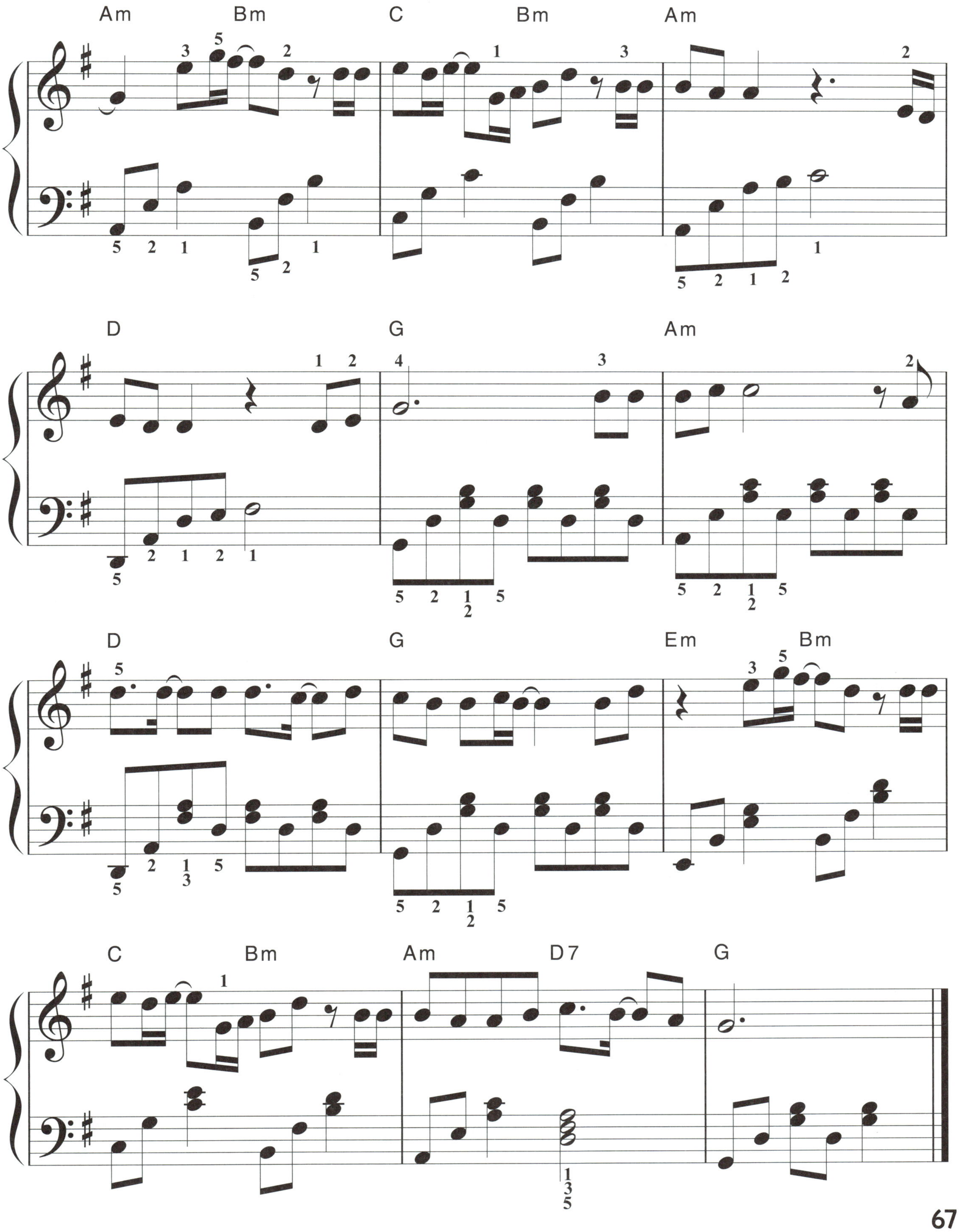
Am Bm C Bm Am
D G Am
D G Em Bm
C Bm Am D7 G

Heart And Soul

작곡 호기 카마이클

'넌 할 수 있어' 라고 말해주세요

작사 곽진영 작곡 강수현

넌 할 - 수 있 어 라 - 고 말 해 주 - 세 요

그럼 우 - 리 는 무엇 이 - 든 할 수 있 - 지 요

짜 증 나 고 - 힘 든 일 도 - 신 나 게 할 - 수 있

는 꿈 이 크 고 고 운 마 음 이 자 - 라 는

70

따뜻 한 – 말 넌 할 수 있어 큰 꿈 – 이 열

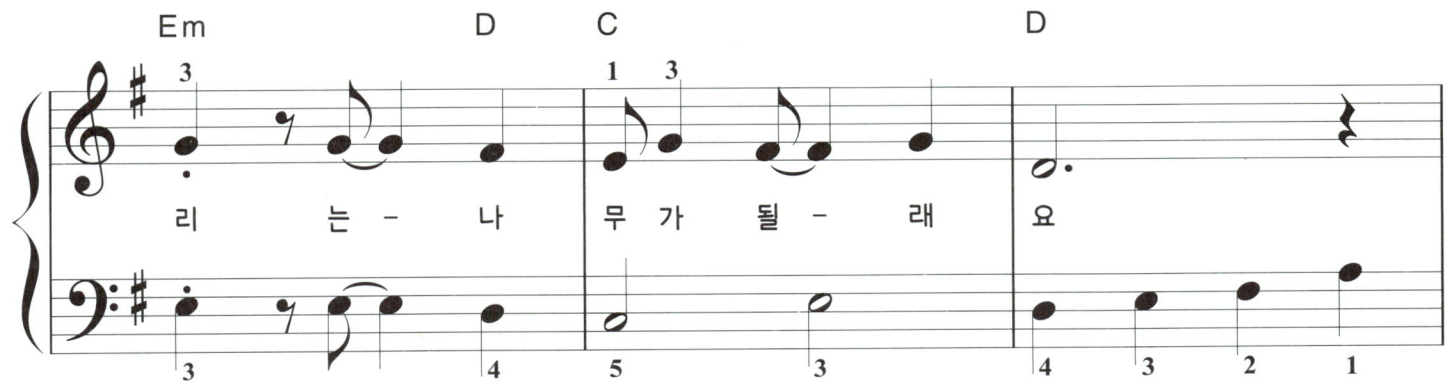

리 는 – 나 무 가 될 – 래 요

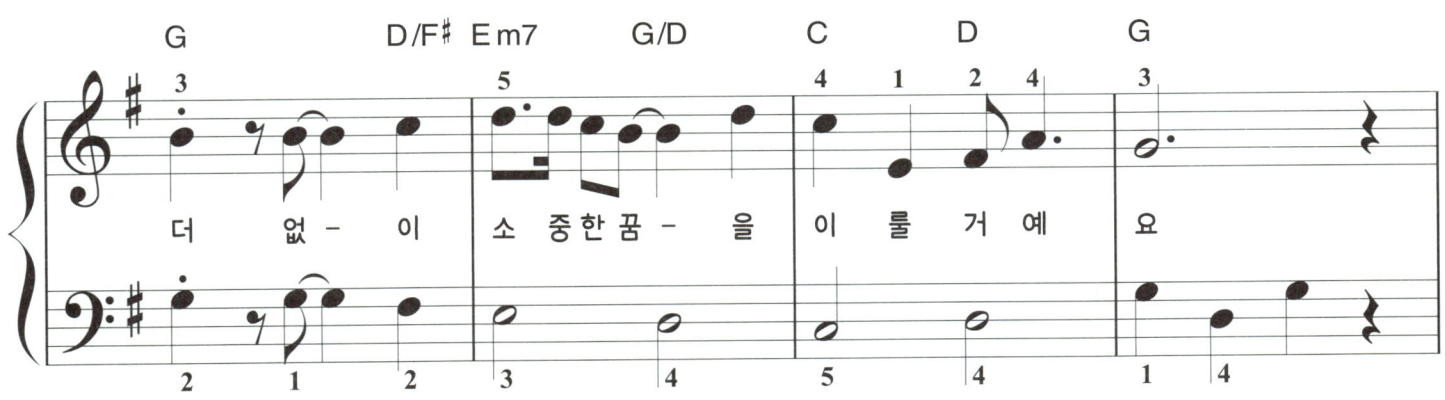

더 없 – 이 소 중 한 꿈 – 을 이 룰 거 예 요

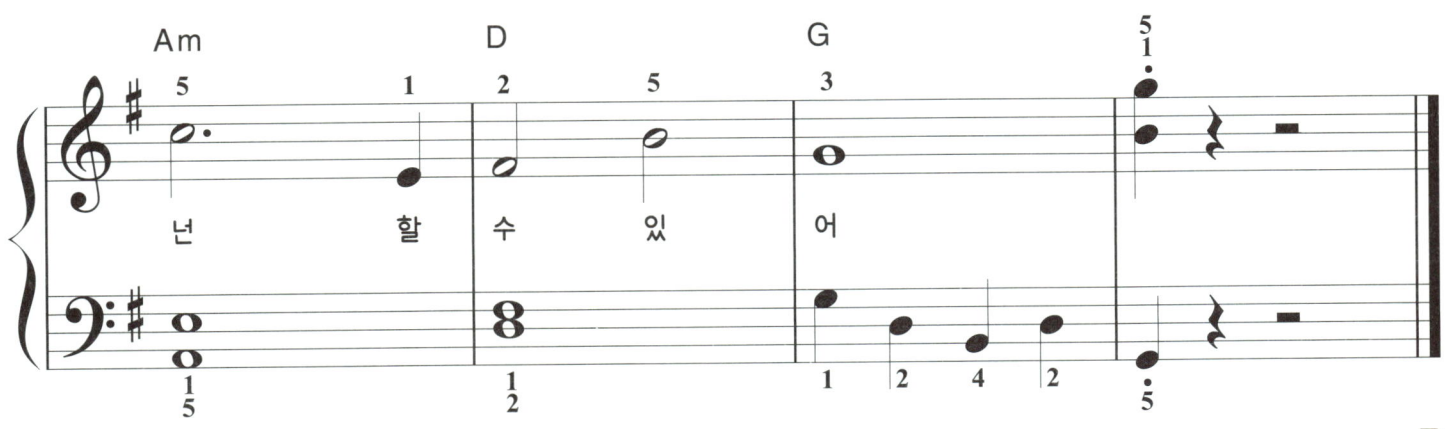

넌 할 수 있 어

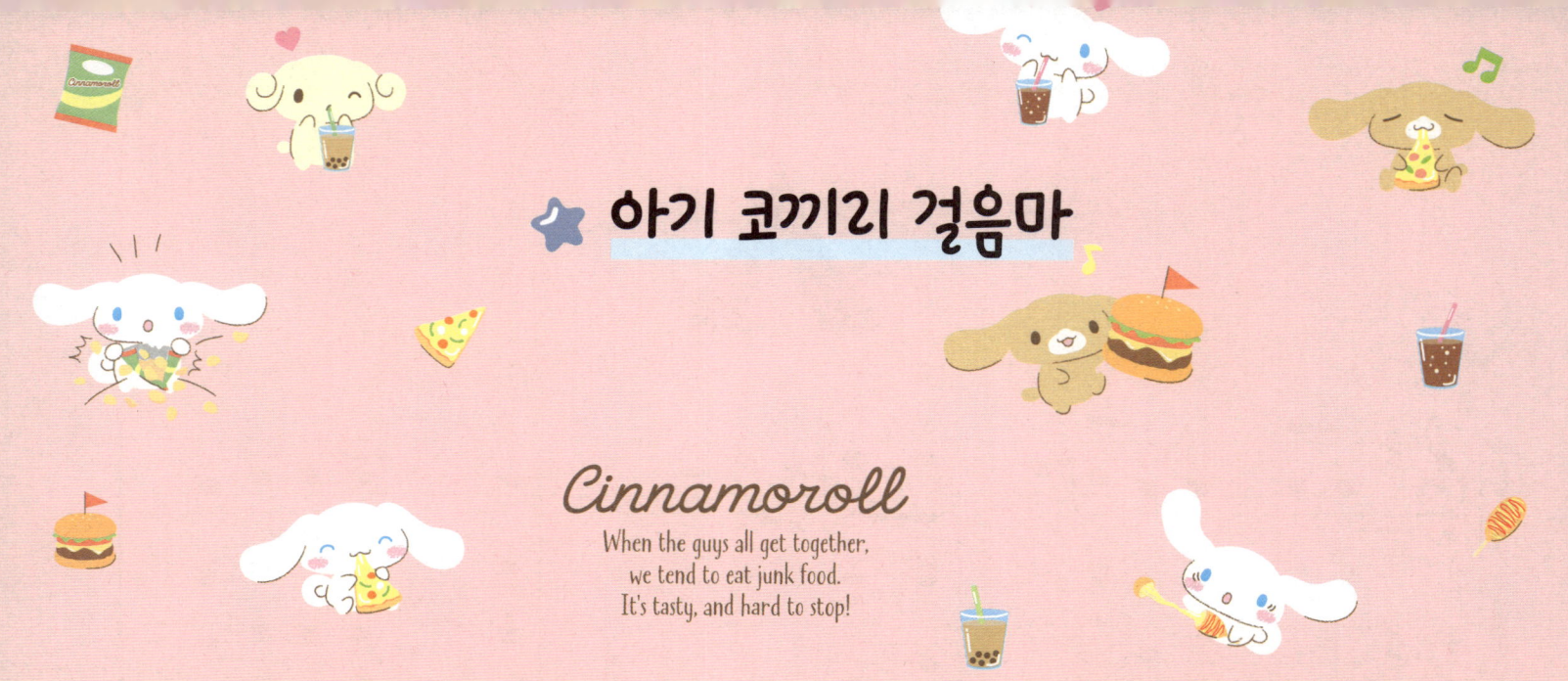

아기 코끼리 걸음마

Cinnamoroll
When the guys all get together,
we tend to eat junk food.
It's tasty, and hard to stop!

조금 빠르게

작사 헨리 맨시니

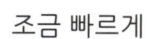

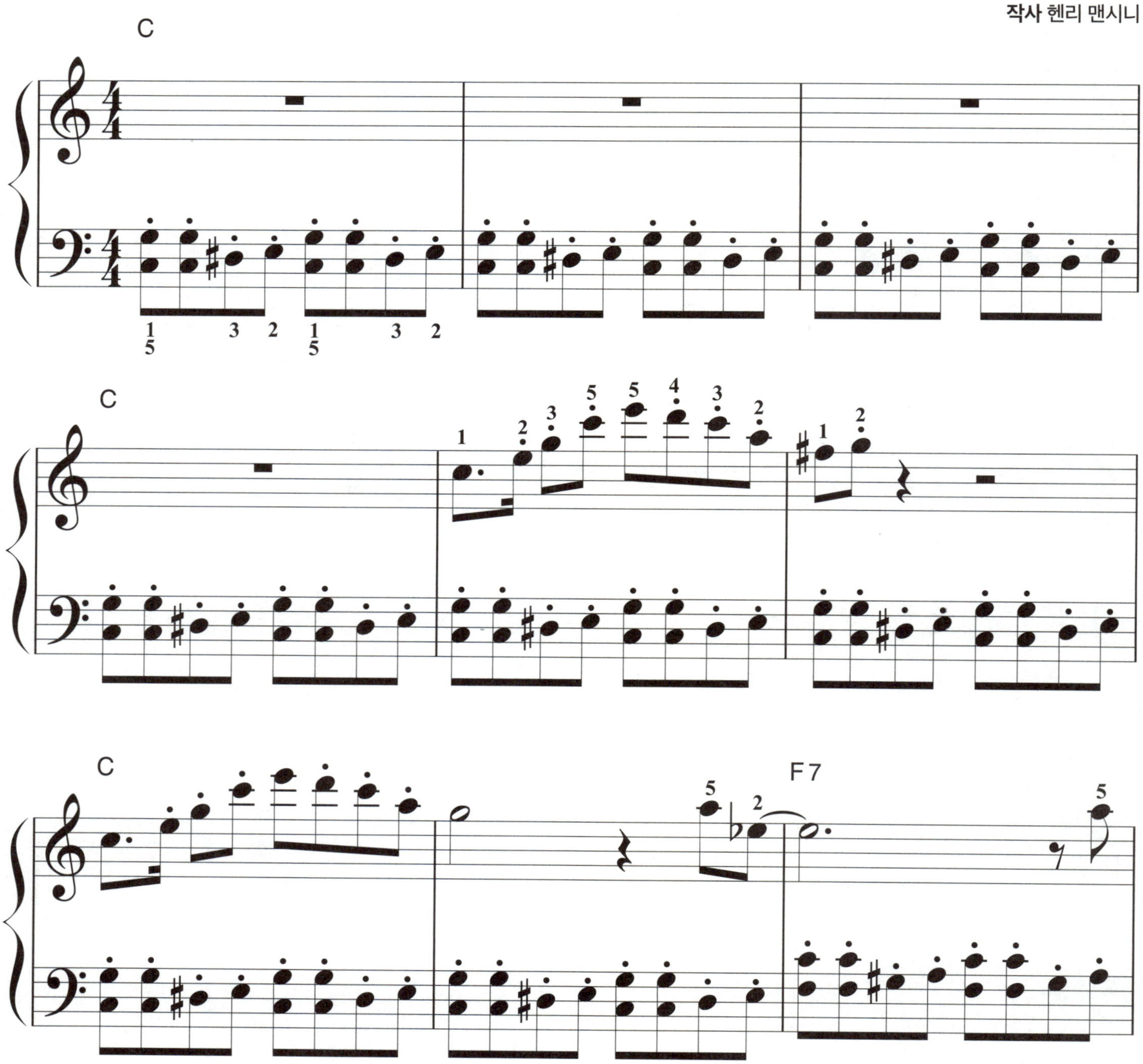
C
C
C
F7

73

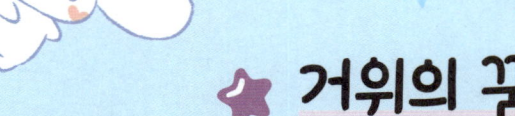

거위의 꿈

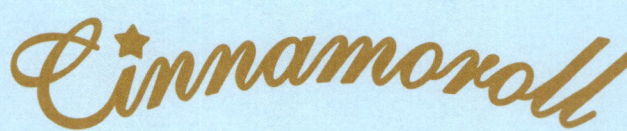

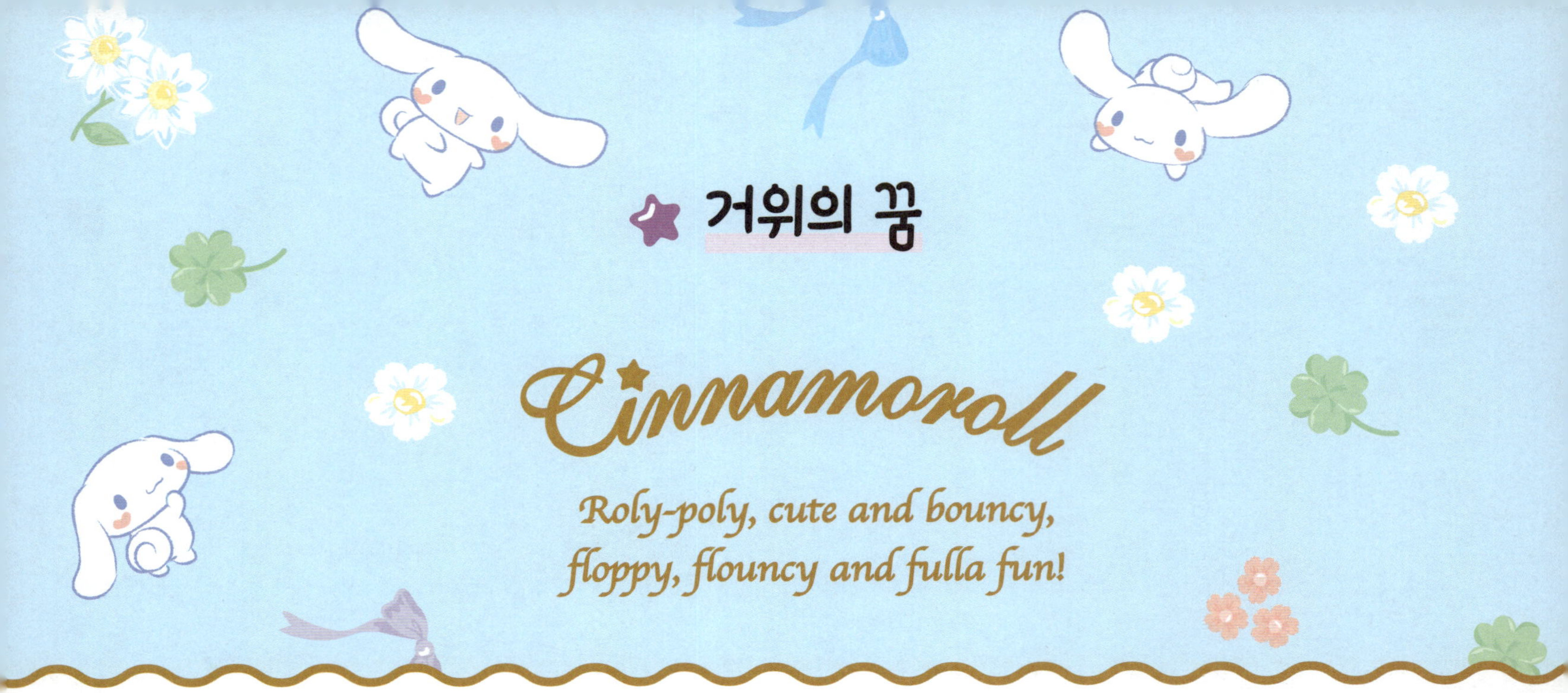
Cinnamoroll
Roly-poly, cute and bouncy,
floppy, flouncy and fulla fun!

느리게

작사 이적 작곡 김동률

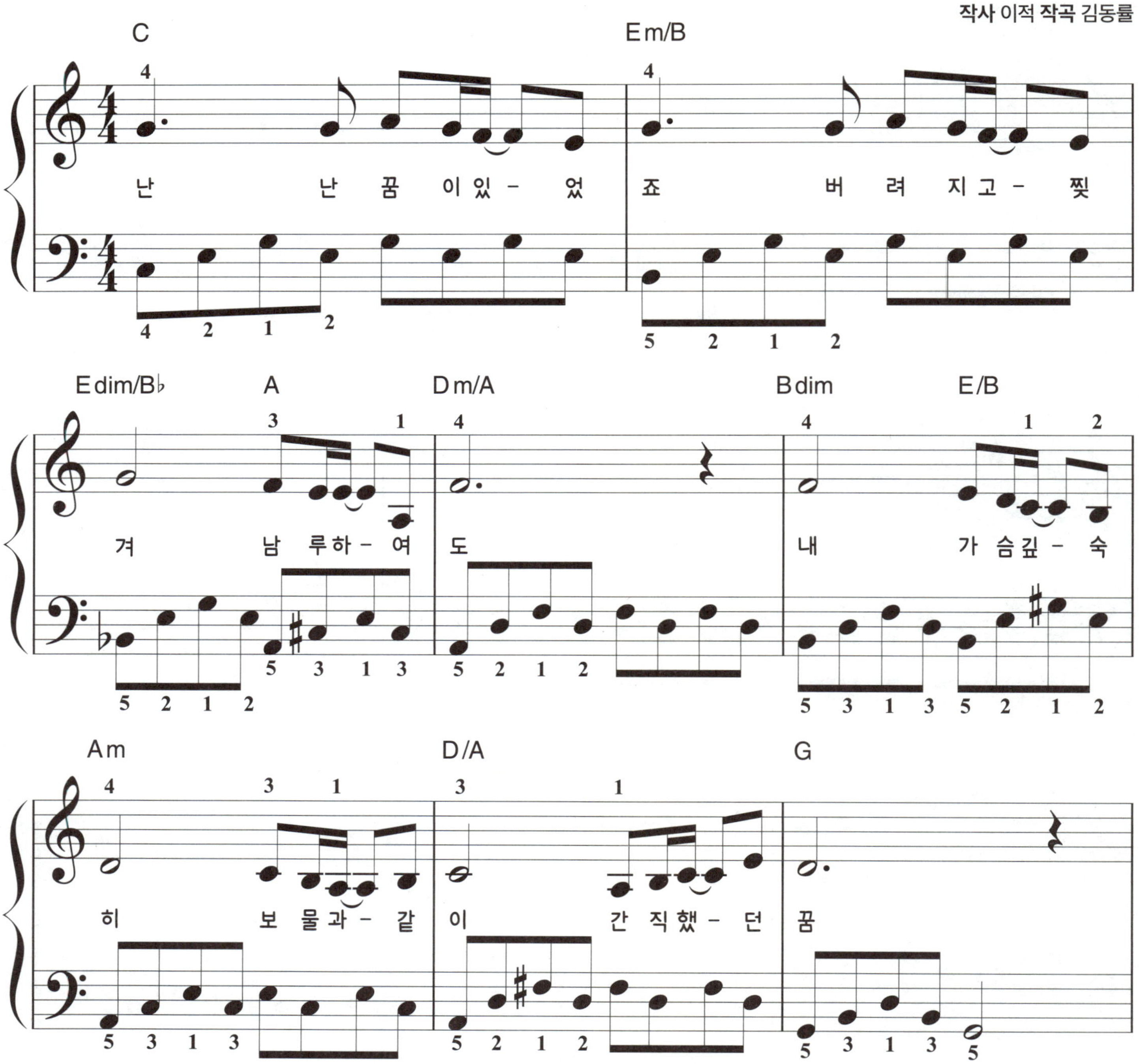
C
Em/B
난 난 꿈 이 있 - 었
죠 버 려 지 고 - 찢
Edim/B♭
A
Dm/A
Bdim
E/B
겨 남 루 하 - 여
도
내 가 슴 깊 - 숙
Am
D/A
G
히 보 물 과 - 같
이 간 직 했 - 던
꿈

C   Em/B   Edim/B♭   A

혹   때론 누군—가 가   뜻 모를비—웃 음   내등 뒤에—흘

Dm/A   Bdim   E/B   Am

릴   때 도   난   참 아야—했 죠   참 을 수있—었

D/A   G   Gm/B♭   A

죠   그 날을—위 해   늘   걱 정하—듯

75

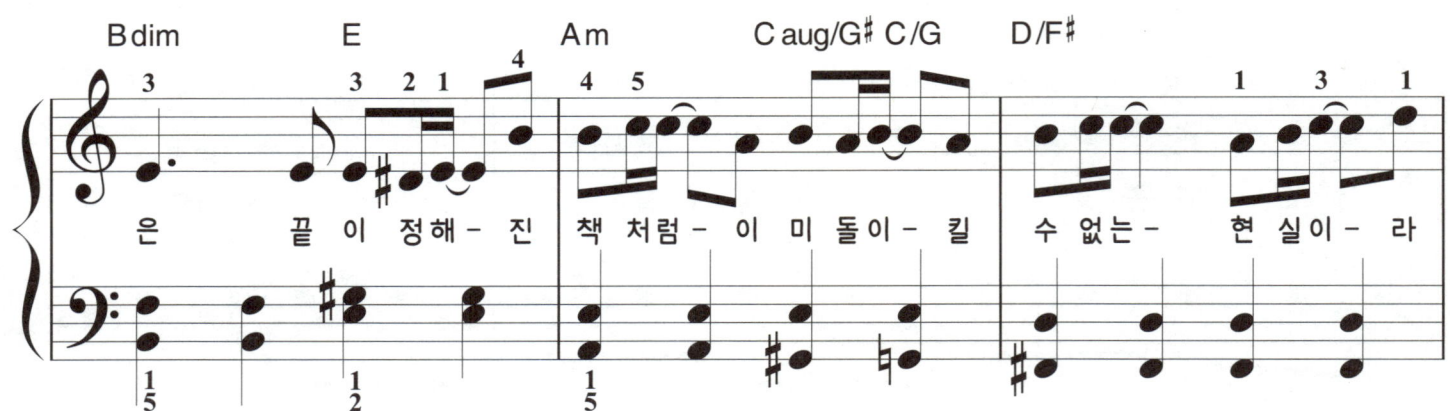

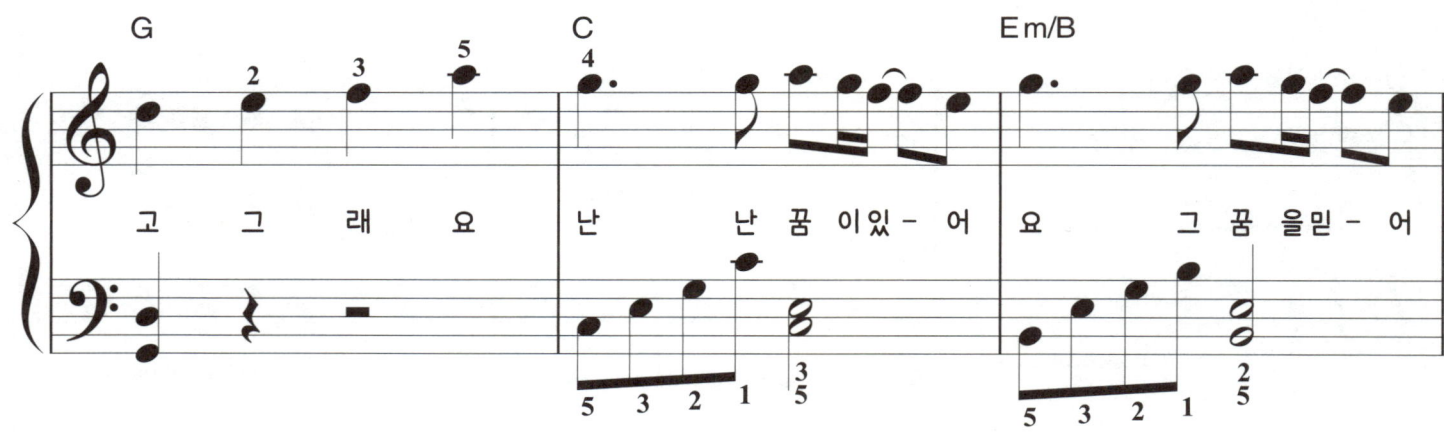

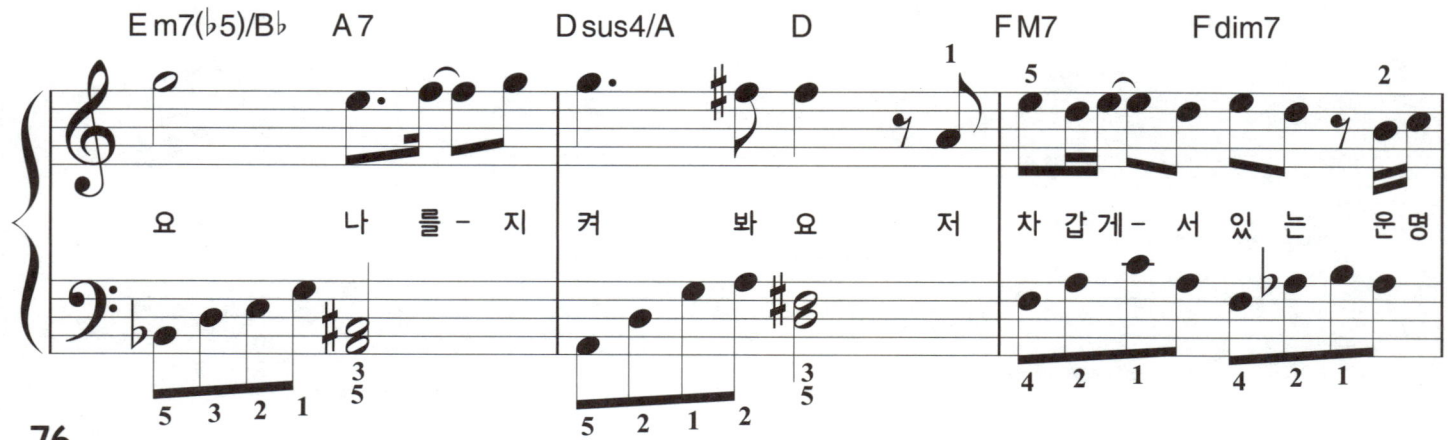

네모의 꿈

조금 빠르게

작사·작곡 유영석

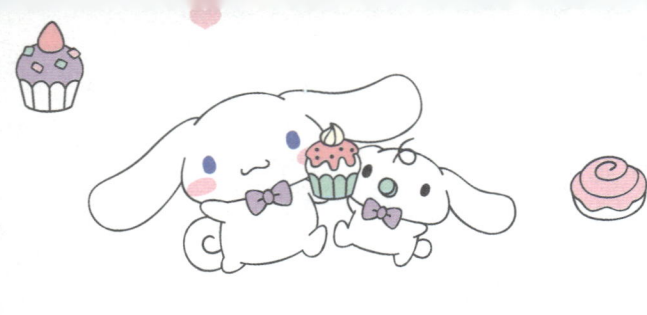

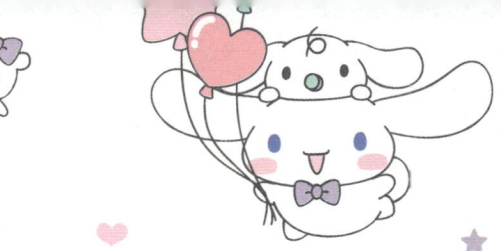

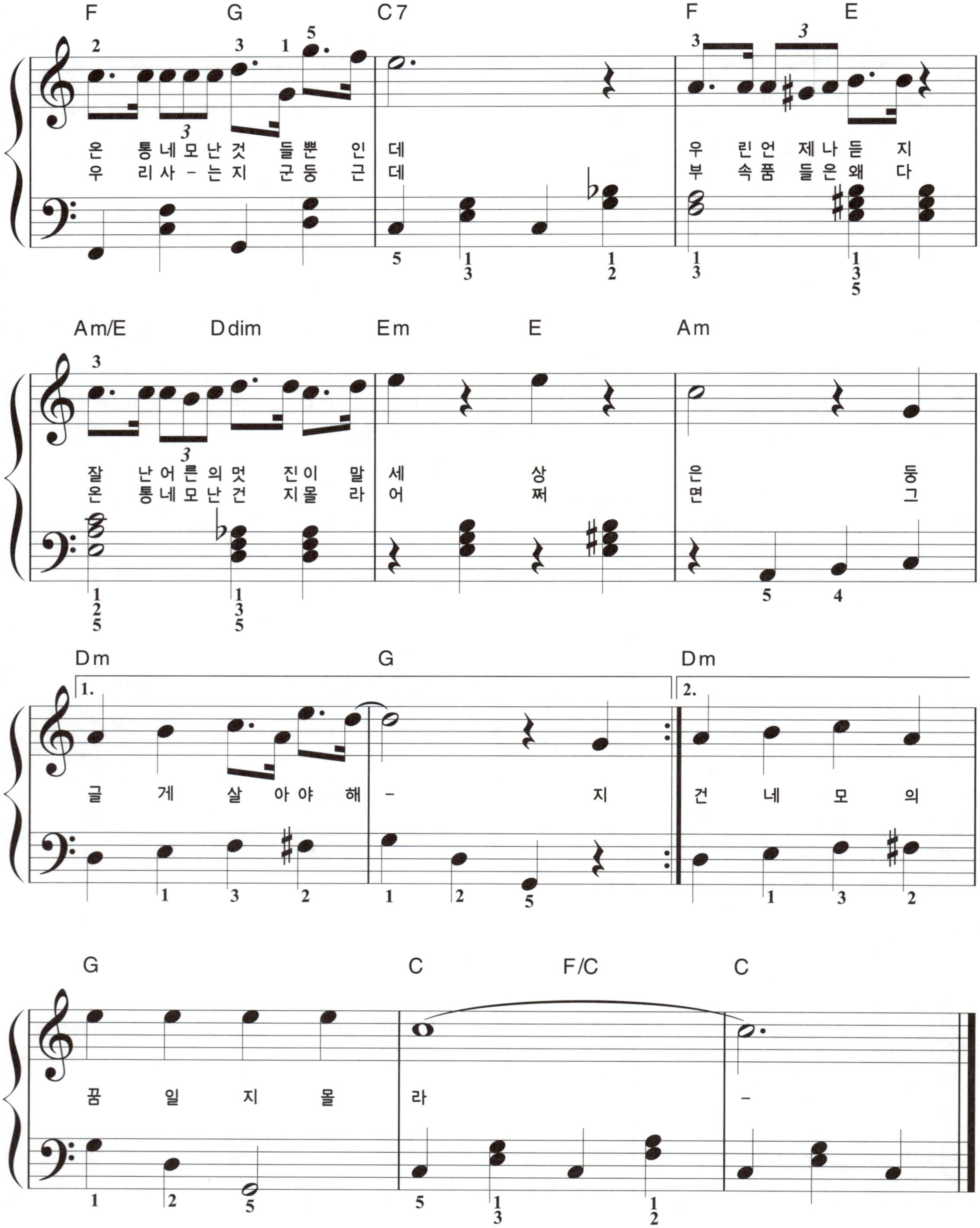
F G C7 F E
온 통 네 모 난 것 들 뿐 인 데 우 린 언 제 나 듣 지
우 리 사 – 는 지 군 둥 근 데 부 속 품 들 은 왜 다
Am/E Ddim Em E Am
잘 난 어 른 의 멋 진 이 말 세 상 은 둥
온 통 네 모 난 건 지 몰 라 어 쩌 면 그
Dm G Dm
1.
2.
글 게 살 아 야 해 – 지 건 네 모 의
G C F/C C
꿈 일 지 몰 라 –

신호등

Cinnamoroll

작사·작곡 이무진

조금 빠르게

이제야 목적지를 정했지만 가려한 날막

아서네난갈길이먼데 새빨간 얼굴로화를냈던

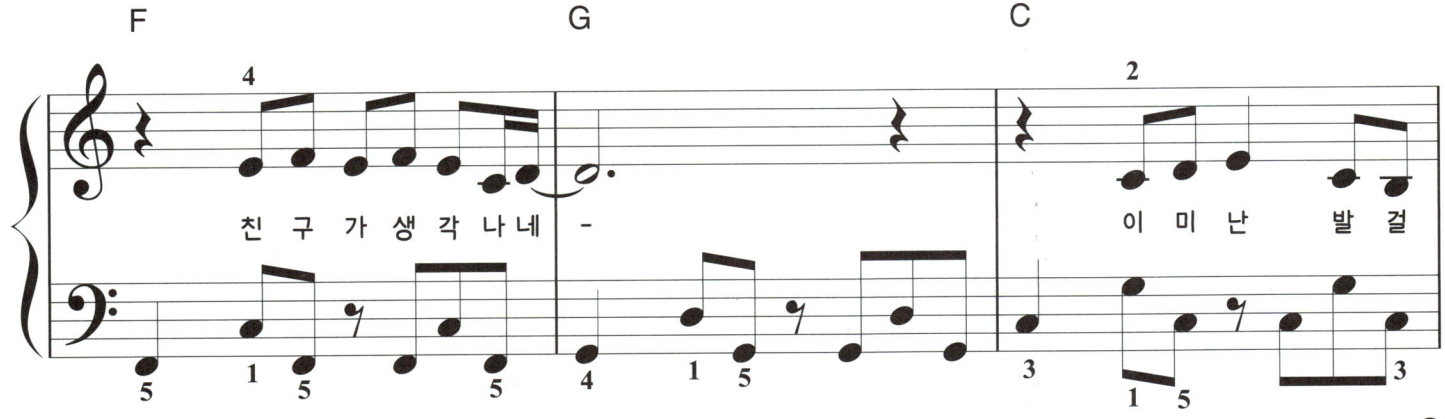

친구가생각나네 － 이미난 발걸

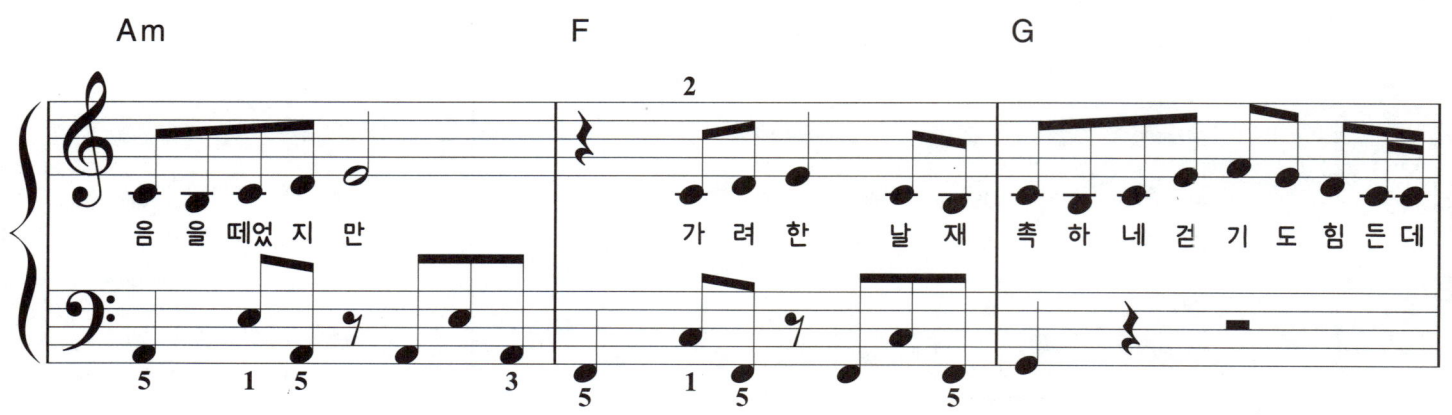

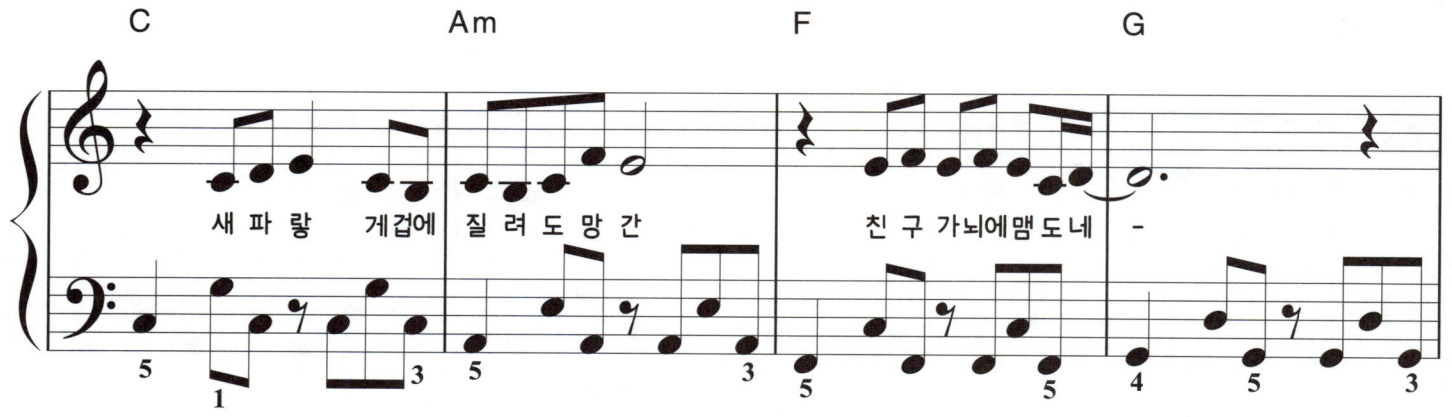

Em · Am · F · G · B♭

멈췄다굴렀다 말은잘들어 그건나도문제가아 냐 붉은

E♭ · B♭/D · A♭/C · E♭/B♭ · A♭ · E♭/G

색 푸른색 그사이 3 초그짧은시간 - 노란 색 빛을내는 저기

Fm7 · B♭ · E♭ · B♭/D · A♭/C · E♭/B♭

저 신호등이내머 릿 속을텅 비워버 려 내 빠른지도 - 느린

A♭ · E♭/G · Fm7 · B♭ · E♭

지도 모 를겠어그저눈앞 - 이 샛 노랄뿐 이야

⭐ Someday My Prince Will Come

작곡 프랭크 처칠

네 컷 색칠하기

⭐ 해당 페이지의 'Butter'는 저작권 해결이
불가하여 부득이하게 쉬어가기 페이지로
대체되었습니다.

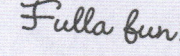

포핸즈

친구와 함께
선생님과 함께
둘이서 더 즐겁게 연주하기!

⭐ 간식송

조금 빠르게

작사 정혜선, 정다운 **작곡** 정다운

2nd

조금 빠르게

91

포핸즈

When You Wish Upon A Star

작곡 리 할린

조금 느리게

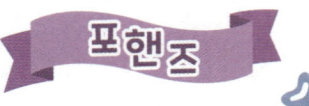

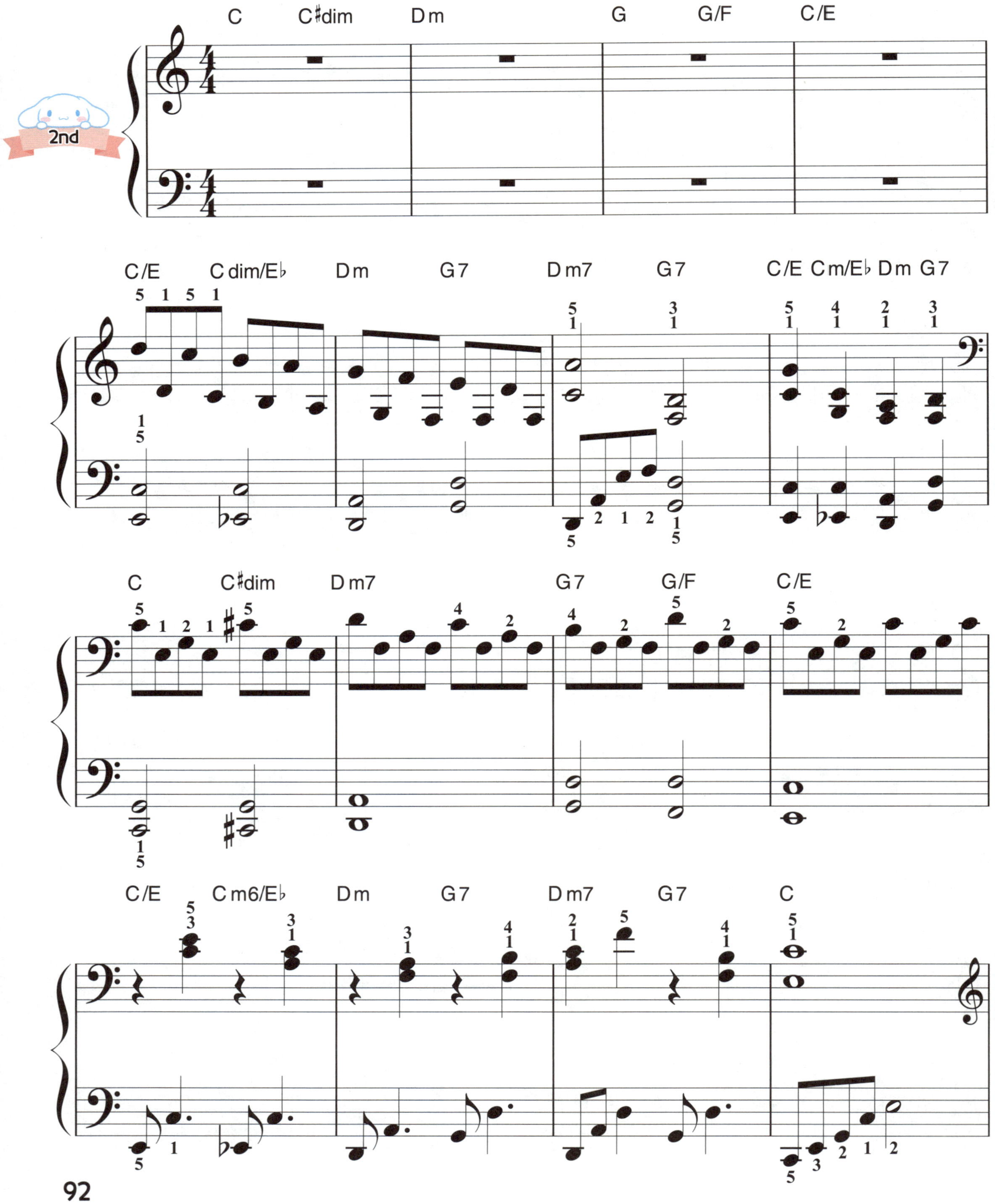

조금 느리게

발행일 2024년 2월 20일

편저 그래서음악연구소(somusic LAB.), 편집부 편
발행인 최우진
편집 왕세은
디자인 박경미, 이재란

발행처 그래서음악(somusic)
출판등록 2020년 6월 11일 제 2020-000060호
주소 (본사)경기도 성남시 분당구 정자일로 177
       (연구소)서울시 서초구 방배4동 1426
이메일 somusicu@naver.com

ISBN 979-11-92447-92-6(14670)
       979-11-92447-71-1 (전 3권)